从0到1学做直播电商

蔡余杰◎著

中国纺织出版社有限公司

内 容 提 要

无直播不营销，无直播不变现。直播电商已经成为各领域品牌引流和变现的标配，为品牌带来巨大的盈利，也为许多素人、网红甚至明星带来了全新创业商机。

本书分为直播电商基础篇、直播电商运营篇、直播电商实践篇三大板块，从精准定位到产品策略，从内容打造到直播技巧，从粉丝运营到变现策略，每个环节都有实操步骤和干货，而且涵盖的知识全面、系统，清楚地解析了品牌及主播成功借助直播电商运营与营销的策略和玩法。此外，本书语言通俗易懂，案例丰富翔实，实用性与实操性兼具，是每一位运营者能够轻松玩转直播带货、及时收获直播电商红利的实战操作指南。

图书在版编目（CIP）数据

从0到1学做直播电商 / 蔡余杰著. —北京：中国纺织出版社有限公司，2021. 5

ISBN 978－7－5180－8503－3

Ⅰ. ①从…　Ⅱ. ①蔡…　Ⅲ. ①网络营销　Ⅳ. ①F713.365.2

中国版本图书馆CIP数据核字（2021）第077032号

策划编辑：史　岩　　责任编辑：于磊岚

责任校对：寇晨晨　　责任印制：储志伟

中国纺织出版社有限公司出版发行

地址：北京市朝阳区百子湾东里 A407 号楼　邮政编码：100124

销售电话：010—67004422　传真：010—87155801

http：//www.c-textilep.com

中国纺织出版社天猫旗舰店

官方微博 http://weibo.com/2119887771

天津千鹤文化传播有限公司　　各地新华书店经销

2021 年 5 月第 1 版第 1 次印刷

开本：710×1000　1/16　印张：13

字数：161 千字　定价：55.00 元

前言

2020年开始，随着5G网络和5G智能设备的不断完善，可以预见的是，短视频、直播行业的发展将迎来新一波增长拐点，成为全民娱乐性消费的焦点。

罗振宇说过："未来的商业没有什么竞争，只有追赶用户。"的确，用户注意力才是营销的焦点。用户的注意力在哪里，哪里就是营销人员该去拓展的营销渠道。如果一个品牌在某个平台上的账号拥有几十万甚至几百万粉丝，通过在平台上以直播的形式卖货，那么一年就可以节省几百万元甚至几千万元的广告费。直播电商玩法对于品牌而言，就相当于拥有了一棵新的卖货摇钱树。

看懂了以上这些，从电商平台到大中小企业，从生活快消到地产、制造等各行业，都纷纷加入直播电商领域来分得一杯羹。与此同时，各路大咖、素人、明星纷纷入场"带货"，消费者"云逛街、云购物"的热情高涨。于是，在直播间，从食品饮料，到服装鞋帽；从化妆护肤品，到3C数码产品，甚至让人不敢想象的火箭，都成了直播间可以卖的产品。一个万物皆可播、人人皆主播的时代，以不可阻挡之势向我们走来。

然而，直播电商能够成为这个时代零售行业的标配，是因为它有着与传统不同的特点：

第一，导购在线化。传统实体店零售的拓客困局，一在于工具，二在于思维。直播电商的出现，则有效解决了传统实体店零售的拓客困局。在拓客模式上，有了极大的创新。在视频流技术和互联网的作用下，将原来的柜台导购销售人员搬上了屏幕。以往线下实体店导购，只能是一对一，或一对几个人，为顾客服务。直播带货，却可以一对百万人，甚至是千万。在短时间内刺激那些“剁手党”集中“剁手”。

第二，电商人格化。纯电商模式下，消费者直接与那些冰冷的图片、文字打交道，即便想咨询客服，也只能看其打字，不见其人，少了很多人间本该有的“烟火气息”。直播电商的出现，则多了些“人情味”。主播与用户实时沟通、实时互动，使得人们之间的交流和沟通如同面对面一般，不受时间和空间限制，而且用户能够亲身感受到主播的风格和魅力。一旦被主播吸引到，用户就会与主播之间建立起信任关系，从而成为主播的“铁杆粉”。

第三，产品体验化。纯电商的拓客困局，除了缺乏面对面交流，就是难以为消费者提供试用服务。消费者只看静态图，无法对产品有更多的了解，如色差、使用效果等。直播带货能为消费者提供线上试用服务，同时还为消费者讲解试用体验，为消费者选择购买作参考。

第四，货架内容化。以往，品牌经营，将文案、图片、明星、“红人”当作侧翼，品牌是主角，一切创意和策略都成为“绿叶”。如今，直播带货，则将内容作为重点塑造对象。以内容引导流量，以内容引导变现，成为一种全新消费趋势。内容不再是品牌的配角，而成了“新货架”。优质内容承载的品牌产品，才更有卖点。

第五，消费娱乐化。直播带货，实现了“边看边买”。直播间用户与主播娱乐互动的同时，在看到心动的产品时随时下单。基于此传统的网上看图说话的平面时代已经被视频场景实时化的立体时代所取代。尤其是淘宝直播更为突出，使得消费娱乐化在电商＋直播的基础上呈现出全新的商业机会，引领了一种“边看边买”的新生态潮流。

这些特点，正是直播电商能够迎来爆发期的重要原因。总而言之，直播电商推动了品牌新营销势力的崛起，更为各领域经济的转型和发展创造了良好契机。谁能够抓住直播电商这一创新模式，谁就能够在直播营销的风口期获得更强的市场竞争力，分得更大的蛋糕。

本书从直播电商模式出发，阐述当前直播带货的创新玩法，可以作为一本直播电商运营和营销指南来阅读。全书共分为三个部分：

第一部分是直播电商基础篇，阐述当前直播电商行业的现状，包括蕴含的巨大商机，以及各路大咖入局直播电商而引发的资本盛宴。此外，还深入分析直播电商行业的未来趋势。

第二部分是直播电商运营篇，重点讲述直播带货过程中做好精准定位、产品策略、内容打造、直播技巧、粉丝运营、变现策略的技巧和方法。

第三部分是直播电商实践篇，通过列举时下品牌商、主播、机构等对直播电商创造的业界风采进行深度剖析，让更多的读者从中学习和借鉴各种实用技能。

通过阅读本书，你会掌握很多实用的直播带货技巧，并会发现，其实做直播带货并不是难事。只要方法正确、技巧得当，你同样可以抓住直播电商这个巨大的风口，将自有品牌做大做强，成就属于自己的一番天地。

蔡余杰

2021 年 3 月

目 录

第一篇

基础篇：直播拥抱电商

第1章
行业骤变：看懂形势才能抓住直播电商机遇

近几年，传统电商发展逐渐呈弱势状态。要想重新振兴传统电商行业，就需要注入新鲜血液和活力为电商行业赋能，并需要寻找一种全新的商业模式打入电商。近几年，直播领域风光无限，电商行业嫁接直播，以一种全新的姿态——直播电商掀起了电商新风潮。此时，谁能看懂直播电商这种新形势，谁就能抓住直播电商机遇，实现快速掘金。

1.1 起底直播电商发展的前世今生

直播和电商，两者对于我们来说并不陌生，但直播电商作为一种全新模式出现，对于电商商家而言无异于锦上添花。要想做好直播电商，需要从最基本的知识入手，做好全面的了解，这样才能助你在直播电商领域有更好的布局和发展。

了解直播电商，首先就要从直播电商发展的前世今生开始。

1.1.1 起步期：直播入局秀场

虽然，直播被大众所熟识的时间是近几年，但直播的出现却已经有很长一段时间了。

2005 年出现了视频聊天室，这可以算作最早的网络直播。当时，在聊天室，无论熟人还是陌生人，都可以进行社交，互诉情感。同时，才艺主播还会为对方唱歌跳舞，博得对方喜欢；幽默型主播还会为对方讲段子，逗对方开心，让对方忘记烦恼和忧愁。甚至那些“天生有异能”的人还会在直播平台上展示自己的过人之处。然而，无论是唱歌跳舞，还是讲段子、做异能展示，这些直播本质上都是在作秀。

2005 ~ 2013 年，直播起步期，直播主要的发展方向是入局秀场，从而兴起了秀场直播。

1.1.2 成长期：直播为游戏而生

早期，人们生活中继图文、视频之后，又出现了一个新潮行业，便是直播行业。此后，不论是财经股市直播，还是日常生活直播，都吸引了一大批人。但直播可以说是源于游戏，兴于游戏。

2013 年，游戏行业的发展在进入平缓期后，电竞行业却随之驶入了发展的快车道。为了让游戏玩家们能够更好地互通信息，获得更好的游戏体验，游戏直播便应游戏行业的发展而生。在游戏直播的过程中，观众可以观看主播玩游戏、讲攻略，也可以通过主播时时解说游戏赛事。

此后，进入 2014 年，游戏玩家对游戏直播的需求越来越高，更多的玩家开始更加重视游戏直播这一领域。虎牙与斗鱼开始脱离了语音聊天工具 YY 和视频网站 ACFUN，以独立的身份率先进入游戏直播领域。这也在一定程度上刺激了国内资本对游戏直播行业的热情。截至 2014 年年底，游戏直播用户已经超过 1 亿人，其中电竞游戏直播的用户数量就超过了所有游戏用户的一半。

2015 年开始，随着游戏直播行业发展风头正盛，越来越多的资本开始注入游戏直播行业，而且市场中的直播平台如雨后春笋般大量涌现。据相关统计数据显示：2015 ~ 2017 年，有 120 多家直播平台浮出直播领域，这导致游戏直播市场进入了竞争白热化阶段。

直播为游戏领域贡献的力量是显而易见的，为游戏行业带来了新气象，引来了新流量，赢得了新注资。与此同时，也吸引着其他行业纷纷跃跃欲试，期待入局直播领域，能够擦出更加耀眼的火花。

1.1.3　发展期：直播与泛娱乐“珠联璧合”，探索直播营销模式

既然游戏作为一种娱乐消遣方式，能够与直播联手，为行业的高歌猛进添一把火。那么除游戏领域之外的其他泛娱乐领域与直播行业共生，能否创造出更多辉煌，这是很多人关注的焦点。

什么是“泛娱乐”？

泛娱乐，简单来讲，就是在互联网和移动互联网上，用故事或者角

色来打造大量用户喜欢的内容，构建成一个知识产权新生态，即IP。而这个内容就是连接游戏、文学、动漫、影视、音乐、戏剧等与粉丝情感的桥梁。基于优质内容的游戏IP、文学IP、动漫IP、影视IP、音乐IP、戏剧IP形成，可以很好地带动粉丝经济，为泛娱乐领域带来更多红利。

随着移动直播日均使用时间的不断增加，尤其2018年以来，各大直播平台不断提升内容质量和用户体验，使得移动直播用户的黏性逐渐呈上升趋势。此时，泛娱乐与直播接轨，可谓“珠联璧合”。泛娱乐直播，不但涉及游戏、文学、动漫、影视、音乐、戏剧，而且涉及电商、体育、综艺和股票等领域，几乎所有行业都可以与直播相结合产生全新的化学反应。因此，各路“大咖”开始借着直播进行全方位布局。

腾讯布局广泛，在游戏、体育、明星、泛娱乐、教育、生活等各方面都有直播布局的身影；阿里巴巴则在电商的基础上开辟了淘宝直播和天猫直播领域，从而为电商生态增添了不少渠道和活力，同时还通过全资子公司合一集团，间接在泛娱乐直播、游戏等领域进行全面布局。

泛娱乐直播的出现，告别了传统秀场的纯娱乐直播，以优质内容、多元化娱乐功能、新期待感的直播黑科技成为直播的重点。在泛娱乐领域，越来越多的主播，以不同的直播内容、以形式各异的直播方式来吸引粉丝。随着内容品质的不断提升，粉丝付费意愿也随之提升，主播则通过粉丝打赏获得营收增长。

随着直播产业链的不断完善，直播行业的发展越来越凸显出生态化特点，直播在各行业发挥着重要的纽带作用。各行业也在不断探索着泛娱乐直播平台的商业化路径，主要有用户付费、直播广告营销、直播衍生商业、网红产业布局等。泛娱乐直播，让各行业与直播平台实现了双赢。

1.1.4　爆发期：直播电商引爆人人皆可直播带货时代

2016 年，淘宝率先开启了“直播 + 电商”新模式，但当时并没有引发全电商领域对直播带货的狂热。

到 2019 年，直播电商行业进入了爆发期，一个人人皆可直播带货时代的序幕正式拉开。这主要得益于两个方面：

（1）各平台布局直播，有效降低直播带货门槛

淘宝直播、抖音直播、快手直播、京东直播、百度直播、腾讯直播等，各大平台全方位输出电商带货内容，越来越多的带货主播形成了自己的私域流量，并将私域流量转化为产品销量。一个人人皆可直播带货的直播电商时代已然来临。

淘宝直播则加大直播带货力度。仅 2019 年，淘宝直播电商的 GMV（成交总额）就达到了 2000 亿元。这个惊人的数字较 2018 年翻了近一倍。再加上淘宝平台上的超级直播带货“网红”，如李佳琦、薇娅这样的头部网红，表现出了卓尔不凡的带货实力。

尤其是 2020 年，全球疫情大暴发，使得人人都认识到直播电商的巨大威力。不论品牌还是个人，纷纷将目光转向了直播电商，以往的电商平台也纷纷寻找直播平台合作。此后，快手、抖音等平台则成为更多草根、素人进行直播带货的“香饽饽”。

京东打造的京喜直播、腾讯直播也发出召集令，全面召集全品类商家线上直播。与此同时，微信也开启了小程序直播。

各大平台，无论是电商平台，还是短视频平台，抑或社交平台，直播功能的拓展为开启一个人人直播带货的时代提供了很好的机会。用户在各个平台上开通直播功能，相对而言门槛较低，这又为人人参加直播带货带来了公平的准入机会，让人人都可以借助直播电商实现财富自由。

根据全球领先的移动互联网第三方数据挖掘与整合营销机构艾媒咨询提供的《2020～2021年中国直播电商行业运行大数据分析及趋势研究报告》的数据显示："2020年，中国直播电商交易规模预计达到9160亿元。"

（2）直播带货的优势显著，吸引人人直播带货

直播原本与电商之间并没有交集，但随着电商产业的发展以及消费体验的提升，消费者更加钟情于这种"边看边购买"的消费方式。直播电商与传统电商相比，具有诸多优势，如表1-1所示。

表1-1　直播电商与传统电商优势对比

对比	传统电商	直播电商
核心	商品	主播+商品
消费路径	消费者→商品	消费者→主播→商品
消费需求	满足刚需	满足刚需+潜在需求
消费方式	主动搜索为主	主播推荐为主
消费心理	物质需求满足	物质需求满足+好奇心
消费决策因素	商品（包括价格、品质、品牌等）	商品+主播+消费场景
消费反馈	工具连接，交易中无情感联系	主播连接，交易中有情感联系
产品与用户	人找货	货找人
产品呈现形式	平面单一	多维立体、真实评测、场景配合
时间成本	时间固定性，积累品牌形象缓慢	时间实时性，主播快速推荐品牌
社交属性	社交属性弱，单向呈现	社交属性强，双向强互动
购物体验	单向选择，个人主观判断	参与感、互动感强
消费欲望	个人主观购买欲望	主播刺激消费欲望
购买转化率	较低	较高

与传统电商相比，直播电商的优势显而易见，对于商家、平台、主播和消费者而言，都可以受益于直播电商。这也是当前人人参与直播电商以

及直播电商近几年热度越来越高的原因。

在人人皆可直播带货的时代，人人都可以借助直播电商淘金。只要掌握一定的引流、带货技巧，人人都可以成为行业“大咖”。

1.2　直播拉动电商，开启资本盛宴

在以往的电商模式下，一天的销量达到 1 万件，就已经可以称作“电商奇才”。然而，在当前直播电商的新模式下，这样的销量根本就是小巫见大巫。正是如此，越来越多的人开始加入直播电商。直播带货大军站在直播电商的风口上，用“令人恐怖”的销售奇迹，开启了一场巨大的资本盛宴。

1.2.1　头部“网红”薇娅，力证直播电商的无限可能

如今，直播间正成为品牌商攻城略地的新战场。直播带货正在为电商领域的发展带来重大机遇。在商业机遇下，一定能出现几个出类拔萃的商业奇才。号称“带货女王”的薇娅就是名副其实的直播带货奇才，她用实力证明直播电商的无限可能。

在直播电商领域流传着这样一句话：“薇娅在哪里，电商直播的天花板就在哪里。”这句话足以说明薇娅在直播电商领域的带货地位。

薇娅原本也是一名普通的“小女子”，与丈夫在淘宝开店之后，把线下服装生意做到了线上。多年来积累的线下、线上销售经验，使得她更懂客户的心，更知道如何才能吸引客户购买。在 2016 年，薇娅借着直播大潮的红利顺势而上，开始做起了直播带货，成为首批淘宝直播的主播。也正是因为迈出了这全新的一步，使得薇娅一举成为直播电商界的

宠儿。作为第一个吃螃蟹的人，当年遭受多少冷遇，如今就会受到多少热捧。

薇娅作为超级带货达人，曾在淘宝直播间创下了 5 小时卖货 7000 多万元的纪录。一个小小的女子，能够具有如此大的带货能力，这个纪录让人拍案称绝。

2018 年，薇娅总共卖出了 1500 个左右的 SKU（库存量），是直播电商领域销售类目最全的主播。这个纪录至今无人能破。

2019 年 3 月，在韩国的一场溯源直播中，薇娅一下卖出 85 万单，货品装满 12 个集装箱，60 多个品牌商站在直播间外排队等待薇娅的直播带货。

很多人认为在直播间卖房、卖车是一件不可思议的事情，但薇娅却做到了。

2020 年 3 月 16 日，薇娅为万科带货，仅仅 7 分钟时间，288 套房源销售一空，销售额达到 2.99 亿元。

2020 年 3 月 24 日，在薇娅直播间售卖的 311 套龙湖房源，10 分钟内被抢光。

2020 年 4 月 30 日，东风汽车邀请薇娅通过直播给一款新车带货。当天，薇娅一度创下了两大“神话”：高峰时段 3500 多万人在线观看、总曝光量超过 1 亿次。更重要的是能够在 7 分钟内秒光 1750 辆东风风神神奕炫 GS，成交额超过 2 亿元。

薇娅是当之无愧的“直播带货女王”。但让人更不可思议的是，薇娅还在淘宝直播间卖火箭。

2020 年 4 月 2 日，薇娅在淘宝直播间尝试卖火箭，售价 4000 万元，但在淘宝直播间中火箭链接上架 5 分钟内有 800 多人拍下定金。等火箭链接一上线，最终长光卫星技术有限公司作为买家以秒抢的速度买下了这枚火箭。这是淘宝直播史上卖出去的首单火箭，也是薇娅卖的最贵的东西。

薇娅的惊人带货纪录绝不仅限于此。薇娅用自己的努力和实力开启了一场巨大的资本盛宴，她在直播电商领域创造的无限美好，证明了直播电商的无限可能，吸引着更多人加入直播电商的发展之路。

1.2.2　主流明星李湘，创造直播电商变现奇迹

提及直播带货，很多人或许还停留在“网红”直播卖货阶段。在直播电商越来越流行之际，越来越多的明星也开始加入直播卖货行列。郭富城、叶璇、高露、王祖蓝等主流明星开始在直播电商行业试水。然而，在国内主流明星中，李湘做直播电商走在了最前列。

早期，李湘是主持界的知名主持人，在退出主持界之后，李湘便开始经商。随着近几年直播带货的流行，李湘在 2019 年 4 月 22 日正式加入淘宝直播，并且以“私人好物首次公开”为主题，正式成为一名卖货主播。李湘的直播间货品齐全，产品品类涉及养生产品、美容护肤、母婴用品、学习材料、零食小吃、高档红酒、数码家电等，应有尽有。

李湘凭着自己多年来积攒的人气，再加上圈内好友的支持，每次直播带货，销量惊人。平均每场带货将近 300 万元，月成交额累计突破 1000 万元。

2019 年 4 月 1 日至 7 月 21 日，李湘在淘宝直播明星直播热度榜上位居榜首，这样的成绩也让她成为明星中的直播带货王。

此外，2019 年“双十一”期间，李湘在淘宝直播间带货，累计总观看人数超过 3000 万，累计成交金额达到 1.3 亿元，累计成交件数超过 96 万单。这样惊人的数据，让李湘一跃而上，成为明星主播第一人。

在“2020 年最新季度带货女王 TOP10”名单中，李湘以不俗的成绩排

名第四，如表 1–2 所示。

表1–2　2020最新季度带货女王TOP10

姓名	直播平均在线	带货销售值
薇娅	3000万	83%
陈洁	1300万	76%
张予曦	800万	70%
李湘	650万	65%
张大奕	500万	58%
林允	480万	54%
朱丹	300万	53%
徐冬冬	140万	49%
张沫凡	100万	41%
雪梨	80万	36%

李湘的直播带货能力显著，更是创造了直播电商变现奇迹。

1.2.3　品牌创业者张沫凡，创造网络直播销售神话

对于薇娅、李湘这样的“直播带货一姐”来讲，相信很多人都熟知。但对于张沫凡，或许很多人并不了解。张沫凡的知名度虽然不比薇娅和李湘，但她的直播带货能力也让人钦佩不已。

张沫凡被誉为“直播达人”，她在直播带货领域也有着非常不俗的成绩。她为直播带货创下了网络销售的神话，为直播电商的发展注入了新鲜血液。

张沫凡是一名 90 后网红。在 21 岁的时候，张沫凡创办了一家名为美

沫艾莫尔的公司，成为该公司的 CEO。25 岁的时候，张沫凡就已经创下了销售过亿元的业绩，曾获得“最具商业价值红人奖”。

2019 年 9 月 25 日，张沫凡在淘宝直播间举办的“张沫凡国货节”，10 分钟带货超百万元销售额，总成交金额达到 3986 万元之多。张沫凡也凭此业绩，在淘宝平台上的两个榜单中名列前茅，分别是：全网大人榜单热度第一名、美妆巅峰榜第一名。

同年 10 月 20 日进行“双十一”预热，张沫凡的淘宝直播总 GMV 达到了 5000 多万元，在巅峰主播榜中排行第四。当然，最能证明她实力的还是销量：一款雅萌美容仪售出将近 5800 台、小仙炖销售额超过 400 万元、美沫·故宫上新联名积雪草安瓶精华销量达到 102200 支、美沫·故宫上新联名积雪草礼盒售出 10500 套……很多人对于张沫凡的这份成绩单惊讶不已。

张沫凡通过直播电商为自创品牌带来了巨大的名利，同时也在直播电商领域创造了销售神话。

1.2.4　素人“麻辣德子”，直播带货能力超乎想象

如今，越来越多的人注意到直播电商蕴含着巨大的商业潜力，因此无论“网红”大咖、主流明星、品牌创业者，还是素人、草根，都用自己的实例力证了直播电商的威力。

全网美食 KOL“麻辣德子”，作为一个素人做直播带货，也表现出了不一般的带货能力。

2018 年，“麻辣德子”开始在抖音上走红，他每次发布的视频内容都是美食教程，每一段视频作品的点击量都达到几万、十几万次。而他每次在做菜间隙都会双手合十，请求粉丝双击。这一举动却无意间成了他的标志性动作。同年年底，“麻辣德子”彻底爆红，12 月发布的视频中，有 4 条点赞超过 100 万。

2019 年，“麻辣德子”积攒了超高人气之后，开始走电商变现之路。但他很少通过橱窗带货，而是通过直播带货。

2019 年“双十一”当天，“麻辣德子”在直播间卖一款不粘锅，结果让人惊喜不已。他开播仅 1 小时，就卖出了 7000 个不粘锅，销售额达到 141 万元。直播当天，“麻辣德子”的总销售额达到 171 万元。

2020 年 4 月 18 日，“麻辣德子”和多位美食领域的抖音创作者在抖音平台上开启直播模式，为十多款龙江大米带货。当天，仅五常大米和响水大米，通过直播带货的销售总额就达到 136 万元，累计销售产品量超过 19880 件。

2020 年 4 月 22 ~ 26 日，以“麻辣德子”为首的五位千万级“网红”达人为帅丰赞助的“抖 in 好物节”做直播带货。在直播带货的过程中，帅丰的 20 款蒸烤一体机在抖音直播间迅速走红，帅丰集成灶也在普通百姓心中的知名度一路飙升，引发围观用户疯狂抢购。

任何人，即便是再普通不过的素人，都能借助直播模式带货，这是直播电商时代赋予每个人的“魔力”。只要拥有这种“魔力”，人人都可以创造出超乎想象的销售奇迹。

1.3 直播电商的未来：向左走，向右走

任何事物都是不断向前发展的，这是一条亘古不变的规律。直播电商也有自己的起步、成长、发展、爆发阶段，然而在爆发阶段之后，直播电商的未来发展趋势将会如何？这是很多电商人和主播、品牌、平台极为关心的问题。

然而，无论向左走，还是向右走，直播电商的未来都充满了无限

可能。

1.3.1　5G 为直播电商带来用户体验升级

2020 年是 5G 商用元年，在这一年，各项与网络有关的产业都会在 5G 的加持下，向更高、更快、更好的方向迈进。

直播电商本身依托于网络不断向前推进，所以必然会受到 5G 的影响，以一种新的姿态为消费者服务。

（1）优质画质和音质，带来优质观看体验

直播电商，顾名思义，就是用直播的形式做电商生意。所以，直播电商对于画面和声音有一定的要求，主播需要借助动感强的画面、流畅度好的声音，更加全面、更加立体地向消费者进行商品展示。

5G 最大的特点，就是高速度、低延迟。5G 的全面普及，使得数据传输速度又一次得到升级，在 5G 的驱动下，直播电商将迎来更好的发展机会。不但整体画面、声音流畅，而且主播在实时展示商品的瞬间也能无比清晰，无论商品纹理，还是头发丝、毛孔等都能看得一清二楚。这对于消费者来讲，有助于更好地了解商品细节，更好地明确商品功效，如有关产品的质感光泽、妆容的服帖与否、珠宝的切割工艺等。

这对于那些更加注重商品细节的消费者来讲，清晰度高、卡顿率低、音质好、低延时的实时直播，不但能够进一步加深对产品的理解，还能给其带来极好的直播观看体验。这与 4G 时代的直播电商相比，更容易促成消费者购买。

（2）新技术应用，带来新奇购物体验

5G 技术的普及，可以使那些原本在 4G 时代无法“大展拳脚”的前沿技术有更好的用武之地。

5G+VR，应用于直播电商购物领域，在未来可以成为主流。直播电商是在线上完成实时直播、线上完成即时购物。有了5G+VR，未来的直播电商将不再需要消费者反复研究买家秀和商品评价，而是让消费者真正看得到自己试穿的样子。消费者只需要提前扫描身体录入数据，就可进入虚拟环境中试穿。这样，无论是码数、颜色还是款式，适合与否，答案立现。对于消费者而言，不但可以有效提升消费者购物的新奇感，还可以带来更加便捷的购物体验；对于商家而言，不但省去了主播试穿的时间成本、工资成本等，而且能有效提升销售转化率。

（3）万物互联，带来优质物流体验

做电商，前端有推广，中端有交易，后端有物流，才能形成一个完整的交易闭环。所以，物流环节能否给消费者带来良好体验，也是做直播电商不可忽视的重要方面。

随着网购的不断普及，消费者不仅关注产品品质，而且对物流配送的实效性也提出了越来越高的要求。他们更加希望自己能在最短的时间内收到包装完好的产品，也希望自己能够实时、精准地了解自己购买产品的物流情况。这就给仓库物流带来了新的机遇和挑战。

5G+物联网，可以实现万物互联，人、货、场的连接更加紧密，买家—货品—仓库—拣货员—运输员—运输路线—配送员—买家签收，整个流程将变得更加透明化、可追溯，将更好地实现动态物流的实时、精准跟踪。物流水平实现质的飞跃，使得消费者可以获得比4G时代更好的物流体验。

未来已来。5G时代的来临，将为直播电商的发展带来更多省时、省力、省成本的优势，同时也为直播电商赢得更加快速、高效的变现能力。5G全面商用，直播电商的好戏才刚刚开始。

1.3.2 向上游拓展，C2M成为主流

直播电商，主播是连接产品与消费者的桥梁和纽带。然而，主播站在

了产品推广的最前端，距离消费者最近，他们天天在直播间和粉丝互动，能够最先听到消费者的心声。消费者需要什么？消费者对产品有哪些不满？这些主播在第一时间就能有所洞察。

这就为“消费者需要什么，制造商生产什么”埋下了伏笔，埋下了供应链向上游拓展的种子。未来，C2M（反向定制产品）也将成为直播电商发展的一种趋势。

传统电商形式，走的几乎全部是“上游生产什么，主播推荐什么，消费者购买什么”的路线。消费者只有选择购买或者不买。不买的原因，主要是主播推荐的产品不合心意，而非价格。所谓不合心意，就是产品并不能真正满足他们的需求，不能解决他们的痛点。

随着直播电商的进一步发展，未来主播极有可能成为 C2M 的推动者和实践者。主播可以将消费者需求信息提供给制造商，由制造商为消费者打造个性化定制产品。这样以需定产，对于制造商而言，一方面，量化生产不会造成材料浪费，而且生产一件就卖出一件，不会带来库存压力，还能有效解决资金流断裂的问题；另一方面，能够为消费者提供更加多样化、个性化、品质化的产品和服务，赢得消费者的青睐，有效提升消费者的复购率。

C2M 能够得以实现，依托于大数据技术的发展、柔性制造的生产方式。制造商通过大数据技术获取用户数据，通过分析用户数据信息，挖据出具有消费潜力的新品特征，之后再精准洞察消费者需求，并反推产品设计、产能投放、产品流通等环节，让产品能够更加精准地满足消费者需求。

事实上，C2M 为直播电商的发展指出了新的方向。

1.3.3 强模式差异化，强变现能力

随着直播电商的不断发展，整个行业的商业模式、内容生产、主播引流和变现策略将会趋向同质化，要想在直播电商市场拥有更大的竞争力，

进行行业升级是必经之路。实现行业升级，最直接、最有效的方法就是打造差异化竞争力。

（1）商业模式差异化

无论任何行业、任何商业模式都不会一成不变、永恒有效，即便这个商业模式被公认为是最优秀的商业模式。做直播电商，要想在未来越来越激烈的市场竞争中取胜，就需要不断对商业模式进行创新。

如果一味墨守成规，或者在不断变化的市场环境中生搬硬套原有商业模式，最终只能面临被淘汰的结局。所以，寻找商业模式的差异化是未来直播电商发展的必然趋势。

（2）内容生产差异化

纵观直播行业发展的历程，不难发现，直播内容随着行业发展始终都在发生改变。这种改变是由于内容消费的主力用户群在不断发生转移，而且在转移的每个阶段都会对内容提出不一样的期许。唯有提升内容的吸引力、制订更加高效的内容策略、打造差异化内容，才能让直播电商内容同步满足用户对内容的需求。

（3）主播直播差异化

主播也是直播电商发展过程中的一个重要因素。主播的竞争，主要是人、货、场的竞争。在人的方面，主播自身需要不断提升和创新，打造更加鲜明的个性特征，体现差异化；在货的方面，主播做直播的时候，比拼的是直播间新品的上货速度和货品的丰富度，把握好这两个维度，就能体现出直播的不同之处；在场的方面，要根据产品和内容需求，设计不同的直播场景，让直播内容更加丰富好玩。

未来，只有向着更加专业化、精细化、个性化的方向发展，做直播电商才能凭借强商业模式的差异化、强变现能力提升自身的核心竞争力。在差异化商业模式下，整个直播电商领域的直播内容和直播氛围将在很大程度上得到提升，受众将感受到前所未有的视听体验。而这一切带来的将是直播电商的超强变现能力。

1.3.4　去品牌化、去平台化

直播电商在未来的发展，还将体现出两方面的趋势：

（1）去品牌化

未来，在主播的介入下，消费者直接与主播对接越来越频繁和密切，使得用户只认识人，对品牌的关注度逐渐淡化。只要主播推荐的产品质量过硬、能满足自己需求，就是好产品，至于产品是什么品牌，显然对于消费者来说已经不再重要。这体现的就是直播电商未来的去品牌化。

（2）去平台化

这里的去平台化，强调的是去第三方平台。

以抖音和快手为例。抖音直播，虽然直播在抖音平台上进行，但产品链接依然需要跳转至淘宝购买；快手直播，虽然以快手平台为跳板，但用户购买产品时，点击链接，页面跳转至淘宝、京东、有赞等才能购买。所以，当前的直播电商，无论产品呈现、交易，还是担保、售后，都需要电商平台去完成。

未来，消费者直接从主播那里拿货，在直播平台上直接完成交易。届时，像抖音商品橱窗、快手小店则成为直播电商的主要交易渠道，形成交易闭环。同时，像淘宝、拼多多之类的以电商起家的平台，也逐渐开辟自有直播功能，直接在自有平台上完成直播带货。这样就脱离了第三方平台的帮助，能够有效缩短变现路径，提升变现效率。

第 2 章
行业探底：深挖直播电商掀起带货狂潮背后的秘密

随着市场发展的不断变化，传统电商的红利期已过。但这并不意味着电商行业的发展就此停止。电商搭载直播快车，使得电商以一种全新的“风貌”，创造新通路，带来新红利。诸多实例力证了直播电商中缊藏着巨大的消费潜力。深挖直播电商掀起带货狂潮背后的秘密，将会对其潜藏的巨大消费潜力获得更多的认知。

2.1 本质：直播带货是人、货、场的精准匹配

零售商业的基本要素就是人、货、场。人，即消费者；货，即产品；场，即消费场景。其中“人”是核心。

在经济市场发展的不同阶段，零售商业的形式有所不同。人、货、场这三个基本要素之间的关系也将发生不同的变化。

传统线下零售，主要靠好的店铺位置，坐等消费者进店消费；网商时代，流量为王，有人的地方就有江湖，有流量的地方就有商机。尤其是进入直播电商时代，直播电商是以主播为载体，以内容为介质，以直播为渠道，商品通过主播产生的内容触达用户，从而形成用户对产品的购买。如图 2-1 所示。

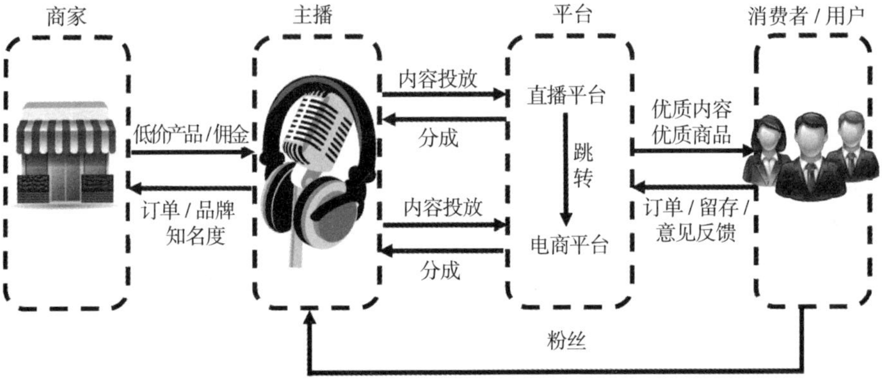

图2-1　直播电商的本质

直播电商时代人、货、场进一步升级，与以往任何一个时代相比，人、货、场的精准匹配度都是最高的。

2.1.1　人：主播带来极强的流量和销量

在直播电商时代，作为第一要素的“人”的内涵已经发生了改变，主要包括主播、围观用户两大板块。

（1）主播

在直播电商领域，无论是引流还是变现，主播都在其中起到了十分重要的作用。然而直播电商时代的主播，主要分为两大类。

①专业带货主播。专业带货主播，他们充当着 KOL（关键意见领袖）的角色，他们掌握了有关其所带货品的很多精准信息，包括知识、丰富的经验等，是业内的权威人士，因此深受相关群体的信赖。他们还对如何选择购买这类产品有很好的真知灼见，因此其强烈的话语权影响着相关群体的购买行为。

简单来讲，就是专业带货主播本身有一定的粉丝基础，在粉丝中有很强的影响力，通过有效引导可以提升粉丝对货品的关注度和销售转化率。

②店铺主播。店铺主播，很多时候是商家自己培养的，也可能是商家自己上阵，自己做主播带货。店铺主播，在直播带货时，核心是将线下导购形式转化为线上。对于店铺主播而言，他们并没有 KOL 基础，因此着重向受众介绍和展现货品品质，是影响其带货效果的关键。

（2）围观用户

围观用户是直播带货中“人”的另外一部分。围观直播的用户，对直播间销售的产品，看得到却摸不着，所以难以快速引发购买行为。一个消费者，他们更加关心的是产品的真实品质和试穿、试用体验。所以，如果想要围观用户从一位看客转变成一位能带来商业价值的消费者，就需要从产品品质和产品使用体验入手，让围观用户消除疑虑，他们自然而然会积极加购产品。

直播电商模式下，“人”与“人”之间的匹配，即主播和围观用户之间的匹配，则能通过主播的现场产品细节展示、产品试用测评，让围观用户对产品有更多的了解。而一切交易的发生，都是建立在用户对产品有更清晰认知的基础上。所以，直播电商的本质，就是主播发挥其自身力量，将围观用户有效转化为流量，进而将流量转化为销量。

2.1.2 货：核心卖点聚焦性价比和差异化

从当前货的角度来看，直播间带的货，可以说品类、数量繁多，呈现出百花齐放的局面。除了大众日常快消品之外，甚至连车、房等也在线上直播销售，开启了一个万物皆可播的时代。

在当下，市场中并不缺货。对于绝大多数消费者而言，只有那些能够触达他们内心需求的产品才能算作真正的好产品，而且他们的消费都是追求效用最大化的理性消费。换句话说，能够激发消费者产生购买行为的，其实还在于产品本身的性价比和差异化。尤其在当前直播电商时代，那些销量火爆的产品，往往是性价比和差异化较高的产品。

一方面，高性价比的产品，用户可以用低成本换来高价值产品。这样的产品，在用户心中才会产生一种“花小钱，办大事”的感觉，认为买得很值。

在抖音和快手平台上，直播间的用户更加青睐于低价、好用的产品。快手平台上，通常 1 ~ 30 元和 30 ~ 50 元价格的产品较为火爆；在抖音上，用户对于价格的接受度较高，通常 50 ~ 200 元的产品销量较高。

另一方面，差异化产品，可以为用户带来眼前一亮的感觉，更容易从同类产品中脱颖而出，激起消费者的购买热情。

总之，做直播电商，本质上是提升货物的性价比和差异化，这是增加消费者购买产品积极性的筹码，也是使人和货之间实现高效匹配，引发消费者积极产生购买行为的重要原因。

2.1.3　场：消费场景全面升级，边看边买成为主流

传统电商模式下，消费场景就是电商平台本身。消费者在网页搜索自己想要的产品，通过仔细阅读页面商品详情和用户评价来决定这款产品是否值得购买。但很多时候，这种选购方式只是通过静态的图片和文字描述来判断产品好坏，并不能了解到更多细节性的内容。因此，消费者购买产品后会发现购买的并不是自己想要的。

进入直播电商时代，消费场景发生了改变。直播间和店铺合而为一，主播扮演着导购员的角色，在直播现场向用户介绍产品细节、分享使用心得。而用户有任何疑虑都能直接向主播提问，并获得主播的及时解答。而且用户在线上直播间可以边看边买，完成商品选购。

与传统电商相比，直播带货给消费者带来了全新的消费场景，有效拉近了产品与消费者之间的距离。通过直播互动，让购物更贴近以往的线下店内购物场景，消费者和主播在直播间可以实现近距离问答对话，实现即问即答，从而帮助消费者完成全新的直观消费体验。这在很大程度上缩短了用户的决策链、优化了用户的购物体验，更有效地提升了变现效率。

总之，直播电商实现消费场景的全面升级，是线下门店和线上电商两者在“场”方面的互补。进而在此基础上重新定义了消费场景，使得人和货在全新的消费场景中得到快速、精准匹配。

2.2 逻辑：直播电商火爆背后的思考

直播电商成为传统电商发展的一个更高、更新阶段，较传统电商的变现能力高到不敢想象。那么直播 + 电商变现背后的商业逻辑到底是什么？这是非常值得我们思考的问题。

2.2.1 人们生活习惯的改变

任何时候，时代都是向着更好、更快、更便捷的方向发展。较以往而言，如今无论是人们的娱乐方式还是社交方式都发生了翻天覆地的变化。伴随着这些变化，人们的生活习惯也发生了改变。

（1）娱乐方式的改变

以往，人们在闲暇时间，三五人聚在一起玩游戏、观看电视节目等成为主要的娱乐休闲方式。如今随着互联网、移动互联网的不断发展，人们越来越多的活动从线下搬到了线上，在网上玩游戏、在网上看电视成为主流趋势。

直播平台的出现，本身就携带娱乐“基因”，直播间通过主播才华、技能展示，博得用户开怀一笑。随着直播的出现以及直播平台的不断增多，在网上看直播也成了人们生活中的一部分，成为人们每天闲暇打发时间、愉悦身心的全新方式，更成为人们的一种全新生活习惯。

（2）社交方式的改变

在过去，人与人之间交流，是通过面对面、书信等方式来实现的。如今，智能手机成了人们的标配，再加上网络的不断发展以及 Wi-Fi 的出现，使得人与人之间的社交变得更加实时化、便捷化。这就为人们的社交方式带来了巨大变革。

直播在借助网络与智能手机两者相结合的基础上得以实现。直播平台在本质上是基于社交的平台。主播和用户在直播间可以进行话题讨论、问答互动，增进彼此的了解。而话题讨论和问答互动实际上属于社交活动中的两种形式。

如果说直播的娱乐和社交属性，是与生俱来的特质，那么直播电商则是基于这两个特质衍生出来的一种全新购物方式。这也就意味着，人们生活习惯的不断改变，推动了直播电商的出现，更加剧了直播电商的火爆。

2.2.2　消费者购物认知发生改变

以往，人们需要走出家门，在实体店选购自己心仪的商品。进入传统电商时代，人们可以足不出户，在线上看图文选择自己有需求的产品。然而，即便传统电商的购物形式在一定程度上向着更加便捷、高效、省时、省力的方向转变，但相对于线下实体店购买而言，没有导购现场讲解，使得消费者无法解决内心疑问；无法现场试用，使得消费者难以看到真实使用效果。这两方面的原因，导致消费者无法果断做出购买决定。

直播电商的出现，使得线下实体和传统电商两种购物形式进行互补：

一方面，不但能通过动态画面看到商品外观，而且能通过与主播现场互动，由主播及时答疑解惑。不但可以更好地了解商品，而且能获得一种主播全程陪同购物的感觉。

另一方面，直播间主播可以现场试用，可以对商品的使用效果一目了然。

这种更加高效的边看边买的购物方式让人们认识到：原来线上购物还可以这样进行。很多接触直播电商的用户，都会对这种营销模式感到好奇。不但可以看直播娱乐一下，还可以轻松购物，这种娱乐购物两相宜的购物模式，更加给人一种惬意感、新颖感。

直播电商彻底改变了消费者的购物认知，这是以往任何一种购物形式都做不到的。

2.2.3 与消费者沟通方式发生变化

直播电商与任何一种购物模式相比，最大的优势在于互动与交流。

以往线下实体店购物模式，店铺店员和消费者之间是一种单纯的推销与购买关系，除了聊产品有关的内容外，没有任何其他沟通与交流。

传统电商购物模式下，只有消费者主动向客服咨询，而且在等待较长时间后，百忙之中的客服才会用打字的方式回复消费者提问。这个过程中，等待客服的时间、客服打字回复的时间，往往使消费者等得太久，会使消费者失去耐心。显然，传统电商购物模式不但客服与消费者之间没有过多的交集，而且还会使消费者购买欲望减弱，导致消费者极有可能会转向其他店铺购买。

直播电商则在这方面显出极强的优势。在直播间，主播与用户直接进行交流和沟通，用户能随时将自己的想法说出来，主播则能及时了解用户的想法和需求。

可见，直播电商模式能让用户认为主播是最了解他的，认为主播推荐的商品正是他想要的，因此会对主播信任有加，会从内心认可和接纳主播推荐的商品。

2.2.4 经济市场引发变局

进入移动互联网的下半场，流量争夺战愈演愈烈，传统电商的流量获取成本越来越高。这是因为传统电商平台获得的流量是公域流量。

公域流量，从字面意思理解，就是公共领域的流量。在大流量平台上的所有流量都需要花钱购买，而且流量越来越贵。“花钱买”是指花钱做广告推广、排名推广，才能将平台上的流量引入店铺。这类流量的特点是：花钱在其他平台买来的流量，而且大部分流量属于一次性流量。换句话说，公域流量本质上是被集体所共有的流量，并不是单一个体的流量。

商家A入驻淘宝平台之后，通过搜索优化、参加互动、付费推广以及使用促销活动等方式获得的客户，都属于公域流量。同样，商家B也可以使用这些方式获取客户。商家A和商家B所获得的流量是整个淘宝平台上共用的流量，而并非商家A获得的流量属于商家A，商家B获得的流量属于商家B。

总而言之，传统电商平台上的公域流量成本高，每次实现引流、变现，都需要花费一定的成本。

直播电商的出现，却使传统的流量思维进行转变，变为粉丝经营思维。换句话说，直播电商将以往的公域流量（如淘宝、天猫、拼多多、京东、抖音、快手等大平台流量）转向了私域流量（如微信个人号、社群、朋友圈等流量），如图 2–2 所示。

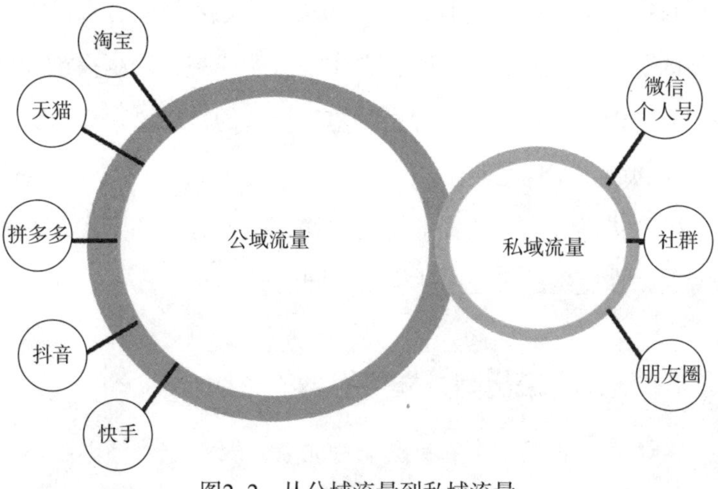

图2–2　从公域流量到私域流量

私域流量是相对公域流量而言的，主要掌握在个人或品牌手中。这些流量具有很好的可控性，可以随时反复为你所利用，能够重复为你带来变现。而且一旦成为你的流量，就无须再次花钱买。

而直播电商时代，主播、KOL 则成为掌握私域流量的霸主。拥有了私域流量，就可以积累极强的粉丝黏性、提升转化效率，并能形成良性运营，实现变现的可控性。

直播电商模式使得经济市场发生了变局，私域流量为商家赋能，带来更强的变现能力。这也是直播电商火爆的原因之一。

2.3 模式：借助社交打通商业变现之路

任何一个商业模式，都包含了一个或多个商业变现要素。直播电商在传统电商的基础上增加了社交功能。借助这一功能，主播将具有相同爱好的观众聚集在一起，观众在直播间观看内容时，可以通过点击直播间内的商品链接直接购买产品。同时，这些观众还能在直播间各抒己见，发表自己对商品的观点和看法，或者直接向主播表明心迹，让主播推荐更加适合自己的商品。因此，社交是贯穿直播电商运营的核心要素，借助社交打通了直播电商的商业变现之路。

直播电商借助社交打通商业变现之路，主要有三种模式，不同模式各有各的特点，在变现的过程中体现出不同的商业价值。

2.3.1 从直播带货向直播带品牌的进阶

很多人认为，直播电商，就是直播带货。其实，直播电商还有另外一种模式，就是直播带品牌。

（1）直播带货

直播带货模式，本质上与以往的电视购物相同。通过大声吆喝、折扣优惠、买赠、捆绑等方式来促进商品的快速销售。

电视购物时代，主持人用夸张的动作和语言，用惊人的“跳楼价”引导电视机前的消费者冲动消费。

当前，直播带货，同样是主播激情叫卖，每一个动作和语言都是为了吸引消费者产生物有所值的心理，再加上诱人的低价，让消费者情不自禁在短时间内下单。

直播带货模式能够成行，是因为两个原因：低价、折扣。直播带货模式下的商品，都是价格区间在 9 ~ 99 元，只有少数商品的价格超过这个区间。对于绝大多数人而言，直播带货就是因为价格而引发的冲动购买。

对于绝大多数主播而言，他们所做的是直播带货。虽然薇娅也在直播间卖过房子和车子，甚至卖过火箭，但薇娅的成功只是个例，并不是所有的主播在直播间都能卖出房子、车子和火箭。

（2）直播带品牌

直播间除了可以带货之外，还可以带品牌。直播带品牌，做直播的目的并不是现场销量达到一个既定目标，而是为了实现品牌曝光和推广。这其实和做品牌广告差不多。但直播带品牌，虽然直播现场没有产品售卖，但最终的还是为了日后能够实现品牌产品热卖的目的。归根结底，直播带品牌还是为了卖货。因此，可以认为直播带品牌，是直播带货的升级版。

2020 年 5 月 15 日晚，董明珠联手科技测评达人王自如在格力京东直播间做起了直播。据官方公布的数据显示：开播仅 2 分钟，销售额就突破了 1 亿元，8 分钟突破了 2 亿元，一个小时的销售额就达到了 4.28 亿元。

正常直播一共进行了 3 小时，格力京东直播间创下了家电行业史上的最高成交纪录，达到了 7.03 亿元。

董明珠的这场直播，表面上是为了带货，但本质上是为了曝光格力品牌，宣传格力品牌的科技感。因为格力作为家电行业的领导者，在市场中享受了极高的品牌溢价。这种品牌溢价背后并不是“低价”，也不是“市场销量高”，而是“格力，掌握核心科技”的品牌认知。简言之，格力做直播的目的，就是要强化消费者对自己的品牌认知。

显然，董明珠在格力京东直播间做直播并不是一种带货行为，而是一种带品牌行为。

但需要注意的是，并不是所有的品牌都适合做直播带货。因为直播带货建立的是一种低价、折扣的产品印象，人们之所以在直播间购买产品，大多数人是冲着低价、折扣而来。如果你的品牌商品也大幅降价、打折，就会传递出一个信号，给用户留下一个低价的印象。如果再想让你的品牌力上浮，是非常困难的。

2.3.2 电商平台开辟直播功能

当前，电商平台也在寻求新的发展商机，正是看到了直播电商的强大引流和变现潜力，所以不少电商平台正在自有平台上进行创新。许多顶级电商平台正在平台上直接开辟直播功能，试水直播电商应用。

比如淘宝、京东、拼多多等，这些电商平台已经在原有基础上开辟直播板块，相当于把直播变成了其电商变现的一种渠道。

在电商平台开辟的直播功能进行引流变现时，主要是借助早期电商平台所积累的流量带动直播流量。当直播拥有了足够多的稳定流量之后，再将直播流量反哺电商平台。电商平台开辟直播功能模式，主要还是偏向于借助“网红”效应、明星效应引流，推广一些性价比高、价格在大众所接受范围之内的大众化消费品，以在短时间内达到借助“网红效应”、明星效应实现高效转化的目的。

当前，在淘宝平台上有很多“网红”和明星做起了直播电商。比如李湘、林依轮、何洁、高露、张俪、寇乃馨、王祖蓝、叶璇等，纷纷进入淘宝直播间，做起了跨界主播。

“网红”、明星本身背后聚集着强大的粉丝团，而且能够被那些习惯观看直播和进行网购的年轻人所接受，进而接受其推荐的商品，并产生购买意愿。在淘宝直播的时候，“网红”、明星自然体现出较淘宝店铺主播更强的带货能力。所以，他们做直播带货，当直播引流、变现效果足够好时，经常会出现商品瞬间售罄、抢购一空的惊人局面。

目前，大多数在市场中做得好的电商平台会采用这种模式。

2.3.3　直播平台与电商平台合作

直播平台与电商平台合作是直播电商的第二种模式。这两者之间的合作，是以商品链接为桥梁实现的。

抖音直播间里，主播在介绍产品、进行产品试用时，直播间下方的购物袋中，就会有相关商品的链接。用户点击商品链接，页面跳转至电商平台，用户就可以在该电商平台下单购买商品。

直播平台与电商平台合作的模式下，直播平台主要依靠强大的内容生产力，实现增粉以及达到粉丝留存的目的，而电商平台则主要是发挥直播平台聚集的粉丝的力量，为其带来销量。

这种模式下，营销的主动权掌握在直播平台手中，通常是电商商家向聚集大量粉丝的直播平台主播寻求合作，为电商商家带货。

2.3.4 以直播为主打的内容电商平台

以直播为主打的内容电商平台，是直播电商的第三种模式。这种模式目前在市场中较少被运用。但这种模式才能称得上真正的直播电商营销模式。

目前，以直播为主打的内容电商平台主要有菠萝蜜、小红唇等。以小红唇为例。小红唇是近几年上线的直播电商平台，该平台主要是针对国内年轻女孩的美妆内容，主要侧重于UGC内容（用户生产内容）生产机制。网红在小红唇上进行直播，向广大用户分享有关护肤、化妆之类的知识，为观众提供可选择的相关产品。而年轻爱美的女孩则在小红唇上看到自己感兴趣的美妆内容，发现自己喜欢的美妆产品，就可以在站内直接购买相关产品。

这种基于内容生产而引导商业变现的直播电商模式，更加注重内容营销，变现能力更强。可以预见，未来这种直播电商模式将会成为主流。

第二篇

运营篇：直播电商运营

第 3 章
精准定位：做好直播电商迈出的第一步

俗话说“人无完人”，直播电商运营也没有绝对完美的方案。一个好品牌、一件好产品，并不是随意在直播间吆喝就可以达到预期的营销效果的。在做直播电商营销之前，一定要做好定位。好的定位能让你在直播电商运营的工作中有的放矢，胸有成竹。做好人设定位、用户定位、产品定位、内容定位、场景定位，选好直播电商营销阵地，才能取得意想不到的营销效果。

3.1 人设定位：打造鲜明的主播人设

主播在直播电商中一端连接着消费者，另一端连接着商品，可以说是直播电商的灵魂。优秀的主播具有独特的人格魅力，自带流量。主播一句话，将影响众多用户和粉丝的购买行为。若要成为一名优秀的主播，就需要有属于自己的鲜明特色，即人设。

什么是人设？人设就是人物设定，包括个人兴趣爱好、从业经验、擅长领域、职业设定等。做人设，目的就是为在受众面前设定一个鲜明立体的人物形象，让受众感觉你与众不同，能在受众脑海中留下深刻印象，使受众每天都急切地想见到你。

可见，做好人设定位就显得尤为重要。

3.1.1 专家学者：用专业为信任背书

做直播电商，首先就需要主播与粉丝打成一片。而能够打成一片的切入点就是能够让粉丝信任你。

很多时候，信任来源于专业，你在与粉丝沟通和交流时，表现得越专业，就越能让粉丝对你所讲的内容、所推荐的产品信服和认可。

给自己的人设定位为专家学者，可以用专业为信任背书，更容易取得用户和粉丝的信任。

那么如何将自己塑造为专家学者形象呢？

（1）保持专业形象

形象是体现一个人在某方面是否专业的最直接表达。如果你在直播间销售的产品是护肤品，那么你一定要做好护肤工作，保证自己的皮肤水润白皙有光泽。只有表现出专业的护肤水准，让受众看到你良好的肤质，才会给用户和粉丝营造一种你的护肤方法很专业、效果很好的感觉。这样受众才会对你的推荐的护肤产品产生更多的信任。

（2）分享专业知识

如果你能在直播的过程中向受众分享相关专业知识，并能清晰地列出知识点，你会因为自身所展现出的丰富、专业知识而受到广大受众的青睐和仰慕。

（3）分享行业最新资讯

如果想要让受众知道你是某一行业的专家，就一定要事先了解行业的最新资讯和动态。在直播间与受众互动的时候，顺其自然地牵出行业最新资讯，让受众了解他们之前并不知道的信息。只有粉丝认为你走在该领域的最前列，是该行业里的专家，才能赢得粉丝的信任，粉丝才愿意跟着你走。

（4）用专业方法解决用户问题

作为别人眼中的专家，一定要有自己的独特见解，要具备用专业知识解决问题的能力。只有你真正为用户解决问题，并体现出你具备的专业水准，才能真正成为用户眼中的专家。

总而言之，主播将自己定位为行业专家，就要时刻注意向粉丝、用户展现你的专业性。只有用专业性为自己背书，才更容易取得粉丝、用户的信任。

3.1.2 热门网红：展现独特人格魅力

“网红”在直播间强力推销，围观的观众被带动起来“买、买、买”。“网红”的带货能力是毋庸置疑的，从李佳琦、薇娅的带货能力可见一斑。

将自己定位为热门“网红”，就要具备“网红”该有的样子。那些千篇一律的面孔和腔调，难以吸引大众的兴趣。而独特的人格魅力，则是“网红”受到广大粉丝和用户欢迎的真正原因。那么如何将自己塑造成热门“网红”的人设呢?

（1）展示自我才艺

在网络间行走，没有一定的才艺能力是不行的。你可以向受众展示你的才华，但一定要告别千人一面，即便是唱歌、跳舞、说段子、讲鸡汤，也一定要展现个性、有创新。

（2）特定的语言、举止风格

“网红”之所以能够异于普通人一跃而出，“红”出很强的生命力，“红”出恒久的价值，是因为他们能够用各自特有的丰富语言、肢体动作、微妙神态，甚至不经意间的小动作，就以鲜活的风格吸引特定受众。所以，在打造“网红”人设时，主播可以通过口头禅、特有的动作等打造自己的独特性。

李佳琦用“OMG”“买它买它买它”这样的特定语言，为自己打造了独特性。

（3）敢于自嘲、自黑、自我矮化

做直播的时候，要敢于对自己进行自嘲、自黑，敢于用暴露缺点的方法将自己矮化成一个更加具象、接地气的形象，这样可以很好地塑造自我人格魅力，博得粉丝的好感，拉近与粉丝之间的距离。

（4）建立大众共同点

俗话说：“物以类聚，人以群分。”人们往往喜欢贴近那些在认知、喜好、思维、习惯等方面相同或相似的人，并对他们表现出特有的好感。所以，你可以通过建立大众共同点的方法，打造自己的人格魅力，有效吸引那些“所见略同”的人。

（5）给粉丝“戴帽子”

给粉丝“戴帽子”，实际上就是给粉丝设定一个相应的称谓，如闺蜜、兄弟、家人等，昵称与粉丝之间形成情感纽带。这样，可以与粉丝之间以昵称相称，更有助于自我人格魅力的提升。

当红主播薇娅之所以能创下惊人的带货业绩，很大一部分原因就是她给粉丝设定了一个“闺蜜”的称谓。这样，在直播的时候，将“闺蜜”这个词作为描述直播间里自己与粉丝之间的关系，然后一起讨论买什么东西。

“闺蜜”一词总会给人一种温暖的感觉，就像阳光照进心里一样温暖。“闺蜜”之间往往无话不谈，而“闺蜜”之间最典型的沟通应该是情感，通过情感交流，能够使得薇娅和自己的粉丝之间更容易引发情感共鸣，能够更好地建立起自己的人格魅力。

总之，“网红”带货的本质就是将网红个人品牌化，并利用个人 IP 影响价值转化。所以，“网红”要想走得远，独特的人格魅力是重要的法宝。

3.1.3　专业达人：从兴趣点向外延伸

专业达人，即 KOL，往往因为对某一领域比较感兴趣，进而主动去钻研，因其掌握了该领域丰富的知识，对该领域颇有见地，成为该领域的领袖人物，并在该领域具有较大的影响力和话语权。所以，越来越多的专业达人已经被品牌视作直播带货的重中之重。所以，打造专业达人形象，也是主播进行自我定位的一个重要方向。

那么主播如何打造自己专业达人的人设呢？

（1）确定自己感兴趣的领域

兴趣是最好的老师。专业达人之所以具有强大的影响力和话语权，一切都源自其对某一领域的兴趣。直播要想塑造自己专业达人的形象，首先就需要明确自己感兴趣的领域，然后再根据这个领域打造专业化特点突出的昵称、头像、个性签名等。

（2）打造独特的 IP

一个好的 KOL，往往拥有一个相当清晰的 KOL 形象。他能用有自己特色语言的表达方式，展现自己的闪光点；能用果断的决策力，体现自己掌握的丰富专业知识和专业技能。这就是专业达人应有的独特 IP。

（3）确定直播内容形式

直播内容的形式有很多种，如秀场直播、游戏直播、泛娱乐直播、咨询直播等。但一定要找一种适合自己的、能够充分发挥自己所掌握的知识和技能的直播内容形式，以便更好地提升带货效果。

（4）完善知识体系

作为一名 KOL，还需要不断完善知识体系，不断提升自我。同时，还要注意每天梳理自己的所掌握的信息，让自己所掌握的信息更加系统化。做好这两点，才能保证输出内容的价值性和稳定性。

总之，塑造专业达人形象，除了有学识外，还要有个性。与此同时，还需要不断沉淀自己，才能更好地体现自己的价值，才能赢得更多人的信任，获得更高的带货能力。

3.2 用户定位：精准锁定目标客户

做直播带货，就要做好规划。首先要做好人设定位，接下来要做的就是用户定位。只有明确你的用户是谁？你的用户在哪里？你的用户需要什么？才能找到精准目标客户，实现精准营销，达到引流变现最大化的目的。

3.2.1　做好用户画像，以需求确定目标用户

做直播带货早期，需要首先判断目标客户群体，才能根据其需求，进行有针对性的产品推荐。

在这之前，首要的任务就是做好用户画像，明晰目标用户的真实需求。所谓“用户画像”，就是根据用户的属性、偏好、生活习惯、用户行为等信息用抽象的方式为用户打造标签化模型。简单来讲，用户画像就是基于大数据，对用户的行为习惯、消费习惯等重要信息进行快速、精准分析，然后将分析结果用一个抽象的数据模型来展现。

那么如何进行用户画像呢?

第一步，获取用户信息

网络行为数据：包括在直播平台的活跃人数、访问次数、观看直播时间长短、点赞量、评论量、转发分享量等数据。

直播间行为数据：包括进入直播间用户的停留时间、是否关注、点击商品链接的次数、点赞次数、评论次数、进入直播间的频率、成交量等。

用户产品偏好数据：指用户进入直播间对商品的偏好，包括收藏、加入购物车、购买等数据。

用户交易数据：即用户的贡献率，包括销售转化率、回购率等数据。

第二步，细分用户群

构建用户画像的目的，就是还原用户信息。所以，对获取的用户相关数据进行分类，可以将用户群进行细分。可以按照用户价值对用户进行细分，分为高价值用户、中等价值用户、低价值用户，所有的子分类构成了一个完整的用户群。

第三步，进行用户分析

做用户画像，实际上就是给用户行为打上一定的标签以及权重。标签

实际上体现的是用户对某一内容的兴趣、爱好、需求等。权重其实是指某一指数，该指数代表着用户的偏好程度、需求程度等。

例如，如果一个用户非常喜欢红酒，喜欢程度为1，而喜欢白酒的程度为0.2。指数越高，则权重越大。

因此，进行用户分析，要着重分析用户标签以及其对应的权重。

第四步，建立和丰富用户画像

当做好用户分析之后，就需要根据用户的标签和权重进行画像。在进行用户画像的过程中，丰富用户画像也是非常关键的环节，起到画龙点睛的效果。通过精细打磨之后，可以让用户画像精准度、细腻度更高，变得更加立体，能更加有助于产品的精准推荐。

当获得清晰的用户画像后，就可以对用户的真实需求有一个非常清晰的认知，此时也能很好地找到哪些用户是自己的目标用户，需要在直播带货的时候给予目标用户什么样的产品推荐。

3.2.2 做好内容画像，用内容确定产品用户

直播电商可以说是内容电商、社交电商的结合体。而直播电商实现引流变现，通过内容的价值引导得以实现。换句话说，用内容吸引用户，用户通过观看内容而发现产品，将内容用户迁移到产品用户，从而达到直播带货的目的。所以，内容在直播电商中的重要性不言而喻。

那么如何通过内容来确定产品用户呢？答案就是做好内容画像。什么是内容画像呢？内容画像，就等同于给融入产品的内容贴标签，用户因喜欢内容而喜欢产品。

第一步，断物

“断物”是内容画像的起点。断物，即首先要明确卖什么产品？产品

的调性和特点是什么？

第二步，构建产品内容池

构建产品内容池，即要为与产品相关的内容找到一个投放“容器”。

这里的内容“容器”就是网络平台，如微博、社区平台、微信公众号、微信朋友圈等。这些“容器”都可以用作储存和发布内容，以便为内容在“容器”中“发酵”，引发受点赞、评价和话题讨论。

第三步，创作高价值内容

创作高价值内容，即创作与产品调性和特征相符的内容，内容的形式可以是图片、文字、图文、视频。但无论选择什么样的内容池投放，无论什么形式的内容，都一定要保证所创作的内容有价值，能够为受众带来利益和好处。

第四步，内容投放结果分析

创作完内容之后，就要根据投放效果进行分析。判断在内容池中投放的与产品相关的内容是否受到受众的喜欢，以及喜欢程度有多高，可以通过分析受众的点赞量，以及通过受众的评论内容进行深入挖掘和判断。

第五步，进行内容画像

在做好内容投放结果分析之后，就可以进行内容画像。做内容画像时，要对内容池中投放的内容，进行质量评估，根据其点击率、播放量、完播率、点赞量、评论量、关注量等数据，利用相关特征，给不同类型的内容拟合一个分数。根据内容质量分数，建立一个内容分数模型，对创作的所有内容根据优劣做一个排序，将其中低质和劣质内容直接过滤掉。

有了这个打分模型，就可以更加直观地了解哪些内容能引起受众较高的关注度、能较好地引发受众兴趣和讨论、能满足受众的内容需求。

其实，进行内容画像，目的是根据受众的内容需求来确定产品用户。简单来讲，就是借助内容向用户推荐产品。进行内容画像做用户定位，其思路是：更好地了解要推荐的内容、更好地了解要推荐给的人，从而更加高效地完成内容与人之间的对接，并进一步关联到产品与人的连接，实现精准用户定位。明白这一点后，就可以在直播带货的时候，用更加精准的内容获取精准用户。

3.3 产品定位：明晰产品方向，打造核心竞争力

做直播带货，关键的一点就是进行产品定位。只有明确你销售的产品是否受到消费者的重视和喜爱？是否能戳中消费者的内心，能解决其痛点需求？答案如果是肯定的，那么你的产品才是真正的好产品，才更具市场竞争力。因此，做好产品定位，明确产品方向，是直播带货的必经之路。

3.3.1 目标市场定位

以往，在“以产品为主”的时代，制造商生产什么，经营商就销售什么，消费者就购买什么。如今，在“以用户为主”的时代，消费者需求什么，制造商生产什么，经营商销售什么。

从“以产品为主”的时代，向“以用户为主”的时代的转变，是消费升级和市场变化的最直观体现。谁能迎合这种消费升级和市场变化，谁就能在市场中获得一定的竞争力。

做直播电商，根据目标市场做产品定位，需要做好以下几方面工作：

（1）消费者购买力

在市场向着更加垂直化、细分化发展的今天，任何一种产品的目标用户都不可能是所有人。在做产品定位的时候，要注意考虑直播间消费者是否对产品具有购买力。

（2）产品应对能力

目标市场随着消费者需求的变化而发生变化，始终保持一个动态发展的态势。在做产品定位的时候，一定要考虑产品是否能够应对市场需求变化或消费者购买方向的变化。

（3）竞争力

在经济市场中，有这样一条规律：当目标市场的竞争者数量减少或者竞争激烈程度减弱时，参与竞争的竞争者存活概率会在一定程度上有所提升。所以，在做产品定位的时候，要尽量选择那些竞争强度较弱的细分市场作为目标市场。

例如，如果你定位的产品是一款洗发水，那么洗发水市场十分巨大，竞争者众多，就难以形成市场竞争力。但如果你定位的产品是一款“纳米无硅油，挑战三天不洗头”的洗发水，那么你的产品目标市场则更加细分化，竞争者也较少，能够很好地凸显竞争优势。这样的产品较前者具有很强的市场潜力。

（4）销售能力

在做产品定位的时候，还需要考虑直播带货的渠道以及其变现能力。这样，定位的产品才能以更加合理的成本进入直播间销售。

3.3.2　产品需求定位

产品最终的归宿就是消费者，而消费者之所以会购买产品，是因为对产品有一定的需求。做直播电商，定位一款好产品，一定要以消费者对产品的需求进行定位。只有满足消费者需求的产品，才具有市场潜力。

直播电商是一种主播导购型电商形式，这与传统的用户搜索新电商相比，用户的需求其实并没有那么强烈。很多时候，观众是因为喜欢这个主播才看直播间是否有自己看中的商品，如果有就会下单。所以做产品定位，更需要根据用户需求来定。

如何通过用户核心需求来定位产品呢？

（1）直播间用户访问

平台用户通常因为对你的直播内容感兴趣才会进入直播间，他们都可以被看作直播间的潜在用户。要想通过用户需求来做产品定位，最直接、最有效的方法，就是主播主动访问用户，询问他们的产品需求。将询问结果一一记录下来，并加以统计，需求重复次数最多的，便是绝大多数人共有的需求，便是众多用户的核心需求。以需求定产品，这样向用户推荐的产品才更容易被用户接受，用户才更愿意为产品埋单。

（2）用户跟踪调研

对用户进行跟踪做调研，是一项巨大的“工程”，需要做大量观察与需求收集工作。

进入你直播间的用户，并不是只对你的直播内容感兴趣，还会去其他直播间观看直播。所以，要对那些关注你的粉丝和用户进行定性、定量跟踪调研，从他们在其他直播间的停留时间、评论内容、收藏产品类型等，判断其产品需求方向。

虽然这种方法可能会使调研出来的结果有所偏颇，但大致需求方向是进行产品定位的指路明灯。

（3）产品数据反馈

数据是一种客观存在，任何时候数据都不会说谎。通过数据反馈，可以清晰地看到用户的核心需求。可以根据产品数据反馈，通过调研结果来指导产品定位。

例如，直播间售卖几款风格不同的女装，有休闲风、淑女风、职业风，经过三场直播带货后发现，淑女装的销量要远大于休闲装和职业装。

如果说仅一场直播带货中淑女装销量居首位，可能是偶然，但三场直播带货的结果相同，显然表明用户对淑女装的需求更多。所以，直播间可以将淑女装作为产品定位。

总之，产品定位不能随心随性，而是要有依据。以用户需求为指导定位的产品，才是用户最青睐的产品。

3.3.3 差异化价值点定位

著名心理学家马斯洛的需求层次理论认为，人对产品的需求可以分为生理需求（包括身体对食物、温暖的需求）、安全需求（包括对保护稳定、秩序、规范的需求）、社交需求（包括爱情、友谊、归属感的需求）、尊重需求（包括受到尊重与肯定的需求）和自我实现需求（包括发挥潜能、实现理想的需求）五个层次，而且这五个层次的等级由低到高，呈金字塔式排列，如图 3–1 所示。

图3–1 马斯洛需求层次理论

事实上，消费者购买一件产品，无论是出于什么需求，都是为了获取产品的某种价值。消费者只有能够获得某方面价值诉求的满足，才会购买产品。因此，可以根据产品的差异化价值来做产品定位。

通过差异化价值来定位产品，需要考虑以下三个问题：

（1）用户为什么现在买？

用户在围观直播间时，能够当即下单购买产品，往往是因为产品能让他们内心最急切、最渴望获得的感受得到满足。这些感受可以是自信、尊重、快乐、个性、尊重、关爱、幸福、个性归属感等。这些正是产品所体现出来的差异化价值。

（2）用户为什么买你的？

直播平台有很多，带货的直播间也有很多，然而真正能让用户购买你直播间产品的原因，是因为你的产品与其他直播间产品有与众不同的点。比如，你的产品品牌更有名、产品款式更新颖、产品更能体现他们的身份和地位等。这些点就是产品的差异化价值的表现形式。

（3）用户为什么买？

直播间用户为什么买这款产品，是产品差异化定位最高层次的思考。

先举个简单的例子。在手机出现之前，人们买手表有两点原因，一是为了看时间，二是为了显示身份。但手机出现以后，大多数人已经不再佩戴手表，原因是，手机不但拥有打电话、发消息的功能，还做了跨界，将手表功能和通信功能合而为一。

显然，与手表相比，手机更具价值。所以，要想让用户买你的产品，首先就要保证你的产品在功能上有所突破。产品价值往往是通过产品功能体现出来的，不同消费者对产品有不同的价值诉求，因此需要为受众提供与其价值诉求点相同的产品。

从以上三个维度考虑产品的差异化价值，你在直播间销售的产品才更能吸引用户，更具市场竞争力。

3.4 内容定位：不懂内容定位，直播电商就没有未来

在新消费时代，能够让消费者为产品埋单的，已经不再是产品品质和价格，而更多的是能让他们心灵和情感上为之一振的东西。而这一点，只有有情感、有趣味、有价值的内容才能做到。可以说，内容在一定程度上影响着直播电商变现的成败与否。做直播电商，不懂内容定位，就没有未来。

3.4.1 原创：拒绝同质化，只做独一无二

当前，内容同质化日益严重，使得用户已经对这样千篇一律的内容失去了兴趣。尤其在当下人人都可以直播带货的时代，重点在于通过直播内容引发用户购买，所以原创内容的重要性更加凸显。直播带货的过程中，只有原创内容才能得到更多用户的青睐，才能很好地引导用户下单购买。

真正的原创内容，需要融入创意。所以，做直播带货内容的创意策划，可以让直播带货内容变得更加有魅力，更具吸引力。

做好创意原创内容，需要掌握以下技巧：

（1）有效提升内容文化内涵

很多人认为，做直播带货，本身具有娱乐性。这点不假，但还需要注意直播内容的文化属性。随着用户对直播内容质量的要求不断提高，以往那种只凭借颜值和低俗内容就能赢得流量的做法已经不再奏效。而那些具有高品质、更能体现文化内涵的直播内容，则成为直播用户接受的主流。做直播带货，依然需要借助直播内容进行引导，才能实现引流和变现。所

以，直播带货内容的质量和文化内涵依旧是重点。只有不断提升直播带货内容的质量和文化内涵，为直播用户带来越来越倾向于有内涵、有深度的内容，才越能实现直播用户向消费者的高效转化。

（2）创意直播间交互方式

如法炮制的直播内容往往给人一种单调、枯燥感，久而久之不能持续给直播内容注入新鲜的活力，势必会让粉丝流失。唯有那些人人叫好的创意直播内容，带有满满的正能量，才能深受观看用户的青睐。由此可见，直播电商内容的灵魂还需要靠内容的原创来唤醒。失去了内容原创这个主轴，直播犹如无源之水、无本之木一般。

直播原创内容的创意，不但在于向观众展现的营销内容进行创意策划，还在于直播间与观众的交互方式的创意策划。这里的交互方式包含两个方面，即交流和互动的方式。直播带货过程中的交互方式，通常是评论区留言、点赞、观众打赏等。这些不仅是直播带货内容中的重要环节，更是提升观众活跃度的绝佳方式。

但这些交互方式，每个直播间都有，没有新意。你需要在这些交互方式的基础上进行创新。比如一些好玩的、有趣的、新颖的内容则会使粉丝主动分享给具有相同兴趣、爱好的圈内好友，这样粉丝已经不再是单纯的粉丝了，而是成为免费的直播内容传播者，在其圈内好友中形成了二次传播。还在一定程度上增加了产品品牌传播的扩散速度，同时提升了聚粉效率。

比如可以点赞量达到一个数值后，主播说出一个暗号，观众在直播间评论区刷暗号，主播随机截屏，被截到的观众就是幸运观众，将会获得主播赠送的小礼物或红包。

做直播带货，主播一定要充分发挥自己的实力，充分展示自己的特色，并在直播带货内容中融入更多的创意和点子，让自己的直播带货风格更有个性，才能受到更多用户的喜爱。

3.4.2　垂直：深耕细分垂直领域，向精而专突围

垂直型直播内容成为当前直播行业发展的主要趋势，所以无论直播间销售的商品是什么，都要做好直播内容的垂直度。这样的内容能更好地凸显自己的特点，更有辨识度，更容易让用户记住。另外，用户越来越喜欢垂直化的内容。内容创作是为了满足直播间用户的需求。如果内容的垂直程度不能迎合用户的喜好，内容质量再高也是无济于事，很难为产品带来较高的曝光量和销量。

这就意味着，主播在直播带货的过程中，必须以用户喜好的垂直内容作为发力点，并且发挥内容精而专的力量，引发直播间用户对产品的兴趣。

打造细分垂直的直播带货内容，需要从以下几方面入手：

（1）将直播用户喜好作为发力点

根据互联网数据资讯集团艾瑞咨询调查显示：直播用户追求个性化、趣味化的休闲娱乐内容；偏好娱乐、社交、音乐；女性用户对护肤、美容、服饰搭配表现出极大的兴趣；用户对商业信息接受程度高。根据直播用户的特点，主播可以明确做垂直内容的方向和重心。

现在，有很多淘宝店主开通直播带货，他们发现单纯地在直播间为受众试衣服，已经难以吸引受众的兴趣。所以他们就结合本身颜值和气质的优势，专门在直播间做消费者感兴趣的服饰穿搭。这就将自己的直播跳出了以往的大众化直播试衣内容，向着更加垂直领域的内容发力，如如何穿搭显瘦、显高、好看等。

（2）深挖某一领域有价值、有实用性的生活技巧

越是有价值、有实用性的内容，受直播用户的欢迎程度越高。因为这类内容可以为用户传授很多生活技巧。

以Bigeer研究所为例，Bigeer研究所在直播间带货的时候，通常向用户分享生活知识、常识、经验等，这些垂直内容、干货内容，对于用户来讲非常实用，所以用户非常喜欢看。

打造垂直的直播带货内容，根本目的就是提升产品推广效果和变现能力。目前，垂直内容仍有开发空间，还有很多更加垂直的领域等待你去开发。

3.4.3 看点：有看点的内容才有吸引力

当前越来越多的主播加入直播带货行列，使得流量获取越来越难。而且直播带货行业也遵循着先来后到的原则，大部分流量已经被头部主播吸走。这对于新人带货主播来讲，实在是不太友好。

但这并不意味着新人带货主播就没有生存空间。俗话说："成功有方法。"只要掌握好一定的内容技巧，同样可以实现快速引流。

直播带货，同样注重内容的打造。可以说："谁的内容有看点，谁就可以抓住流量。"有看点的内容，往往更具吸引力。

那么直播带货如何做好有看点的内容呢？

（1）以"讲好一个领域的知识"为核心

做直播带货的人有很多，要想从众多主播中脱颖而出，首先还需要通过有看点的内容吸引更多目标用户的注意。

讲好一个领域的知识，是一个绝佳途径。专注于直播间销售商品的所属领域，从该领域入手，向受众传输相关知识，可以将那些对这方面知识感兴趣的受众培养为忠实粉丝，以提高直播间关注度。在讲完该领域知识之后，顺其自然地推出产品，这样可以让用户在接受了知识的基础上，明白产品的重要性，进而更加容易接受产品。

淘宝直播间有一个叫作“小腰精赛娜”的主播，她每天做直播，并不是一上来就忙着介绍自己的产品，而是围绕女性如何保持良好的身材，如何做好养生等内容展开。她在直播间铺好瑜伽垫，亲自示范保持身材的各种动作，边做边讲解，主题突出、内容严谨，起到了很好的引流效果。

当代女性，不仅肩负着家庭主妇的职责，还承受着工作压力，绝大多数女性因为忙碌而缺乏对身材的管理和保养，处于亚健康状态。而长时间久坐办公室，缺少足够的运动也成为体质下降的罪魁祸首。

“小腰精赛娜”在直播间讲解的时候，从保持身材、做好养生，过渡到销售的零脂肪、低卡路里零食、代餐粉，以及办公室养生壶、瑜伽裤等，呼吁女性保持良好的生活习惯、饮食习惯，积极锻炼。这样的内容，能够很好地引起用户共鸣，增强了直播带货内容的说服力，用步步为赢的方式吸引用户对直播间的关注，进而产生购买意愿。

（2）让用户领略到别样的乐趣

很多主播卖什么，就直接介绍什么产品。这对于头部主播来讲，是一种非常高效的带货方式。但对于新人主播来讲，并不适合。因为头部主播本身已经聚集了庞大的粉丝团，有了这些粉丝团做后盾，变现效率自然不言而喻。新人主播本身从零粉丝做起，直接拿着产品在屏幕前为用户做介绍，自然产品难以深入人心。所以，新人主播需要另辟蹊径，找新奇点，让用户领略到别样的乐趣。有看点、有乐趣的内容，自然吸引人眼球。

很多主播为美食带货，就是坐在直播间大吃特吃的同时介绍美食的口感、味道。这样的路子实在是毫无新意。原生态山野美食则成为美食直播带货的新形态。

抖音上有一个叫作“野食小哥”的账号，他在直播间从来不说话，只是向观众传递大自然的声音。他在直播间并不是开场就吃，而是在户外现场制作美食，向观众展现美食制作过程。

他采食路边熟透的野果，在清澈见底的溪水中清洗食材，在青石板上切牛肉。亲自在小溪边用石块累成小灶，用捡来的干柴生火，在石板上淋油烤牛肉，发出呲呲的声音，让人听着就能想象到烤牛肉的美味。烤好后，再蘸上色泽诱人的辣椒面和调料，看着都让人感觉到满口留香。

实际上，“野味小哥”通过这种方式做直播，费了这么大劲，是为了推销一款澳洲牛肉。“野味小哥”一系列的动作浑然一体，使得屏幕前的用户仿佛身临其境般，领略到在山野间制作烤牛肉的别样乐趣。这样的内容与直接做吃播相比，更有看点，更招用户喜爱。

打造有看点的直播带货内容，吸引用户的注意力是首要目标。只要能打破固有的直播带货模式，敢于挖掘兴趣点、新奇点，打造看点型直播带货内容并不是难事。

3.5　场景定位：创新直播带货场景才能激发购买

很多人直播带货，只专注于“货”，而忽略了“场”的重要性。直播带货，主要是以商品功能演示为主，主播要想吸引更多的用户关注，只讲产品功能是不够的，还要有场景的植入。好的场景，才能激发用户的购买热情。

3.5.1　源头场景：走近品牌，追溯产品源头

传统电商，是以图文的形式向消费者展示供应链，这种方法看似是在通过供应链展示，向消费者讲述产品的安全、环保、无污染，以此降低消费者内心的疑虑，但实际上并不能达到目标效果，甚至有时候还会背上造假嫌疑。

直播电商则具备很高的供应链触达能力，可以通过直播功能追溯产品源头，向消费者实时、动态展示商品供应链。将源头场景定位直播带货场景，可以让用户跟随主播走近品牌，追溯产品源头。

将源头场景定位为直播带货场景，通常有三种形式：

（1）原产地场景

原产地是产品“诞生”的地方，如生鲜、农产品的原产地作为直播带货场景，可以让用户更为直观地看到产品源头，一方面，向用户证明产品品质有保证，用户才能放心购买；另一方面，主播直接从产品原产地销售，可以消除中间商，以带给用户更加实惠的价格，使用户不再为价比三家而纠结和犹豫。

（2）产业带场景

产业带聚集着庞大的产业群，这里是相关或相同产业的基地，如义乌小商品产业带、海宁皮草产业带、莆田鞋产业带、深圳电子产业带等。将产业带作为直播带货场景，可以直接呈现源头内容和商品。另外，通过产业带做背书，有助于商品品牌化的形成，可以让用户对商品来源更加放心。

（3）制造工厂场景

将制造工厂作为直播带货场景，也就是将直播间直接搬到了工厂，可

以更加直观、真实地还原产品的生产流程和生产过程。制造工厂既是生产基地，也是体验场所、带货场所，主播直接将工厂货源以高性价比的方式呈现给用户。

2020 年，“芝麻官”作为重庆老品牌视频企业，在线下销售遇阻。于是开始在抖音、淘宝平台上做直播带货。一部智能手机、一根自拍杆，“芝麻官”将工厂变成了直播间，在工厂开启了直播、带起了货。消费者对这样的大牌企业出于好奇，于是进入直播间围观，窥探“芝麻官”工厂内部。同时，消费者通过跟着主播走进“芝麻官”工厂，感受产品的制作流程，对“芝麻官”有了更多的了解，也有了更多的品牌好感度和忠诚度，使得“芝麻官”迎来了线上销量的大爆发。仅一场直播，就为“芝麻官”带来了大约 50 万元的销售额。

将直播场景定位为源头场景，是当前直播电商的一大优势，可以让消费者更好地走近产品和品牌内部，真正了解产品，有效提升消费者的购买决策力。

3.5.2 品牌场景：直播场景与品牌格调相符

什么样的品牌和产品最好卖？就是在不知不觉中就能够引导消费者完成购买，居然还没有意识到。这是直播带货的终极梦想。

对于那些中小品牌而言，要想好卖，还需要借助一定的外力来推一把。而品牌场景则是直播带货过程中提升产品“好卖度”的重要因素。因此，将品牌场景作为直播带货场景，也是做好直播带货的重要策略。

将品牌场景作为直播带货场景，就是要实现直播场景与品牌格调相符。可以从以下两方面着手去做：

（1）品牌直播场景生动化

直播场景是负责向用户传达品牌信息的。如果直播间缺乏场景化，只有单一色调的背景墙，或者场景与品牌格调格格不入，不仅会让人看起来枯燥乏味，还会让人降低消费欲望。如果直播间场景布置，围绕生动刻画品牌格调进行，那么就可以让受众更好地认识和理解品牌和产品，还能带动消费。

进入淘宝格灯堡旗舰店的直播间，就像回到家一样，大大小小的生活细分场景充满温馨感。不同的细分场景中融入了不同的灯饰设计，让直播间场景变得更加好看。同时，整个直播间以灯饰的主题风格为主，不同的灯饰风格，对应不同的室内装修风格，从家具的选择到颜色的搭配，都是根据品牌格调经过用心设计的。

这种直播场景风格与那些货架陈列商品的直播间风格相比，不仅让直播间变得更美，还含有销售逻辑。一方面，格灯堡旗舰店打造的这种直播场景，不但可以销售单品，同时更可以给消费者提供场景解决方案，让有限的直播间空间承载了更多的功能；另一方面，还可以更加生动地向消费者展示每一款品牌产品应该如何搭配、怎么应用，更容易激发消费者的消费欲望。

（2）品牌直播场景年轻化

根据互联网数据资讯集团艾瑞咨询在《2020～2021 年中国直播电商行业运行大数据分析即趋势研究报告》中指出："90 后"是直播电商用户中的主力军，占比达到 40.2%。直播购物平台用户逐步年轻化。

这组数据表明，当前喜欢看直播购物的消费者，绝大多数是年轻消费者。当前，无论是大佬级品牌，还是新生代品牌，在进行品牌运营的时候，都十分注重品牌年轻化。所以，不论为何种品牌做直播带货，直播场景都应当迎合消费者的喜好，走年轻化道路，这也是与品牌格调相符的一种表现。

总之，打造直播带货场景，目的就是实现两个目标：一是流量（即触达率），二是转化（即埋单率）。直播带货场景是为品牌服务的，只有能更好地体现品牌格调的直播带货场景，才能更好地提升人气和转化率。

3.5.3 体验场景：给用户带来极致体验

能够触动人心的产品体验场景，往往给用户一种温暖的感觉。与传统电商相比，消费者更加青睐直播电商购物，关键就在于他们不但能通过直播渠道购买到自己想要的产品，解决自身的需求问题，而且还能收获直播电商模式给他们带来的前所未有的购物体验。而这种良好的购物体验，是通过直播带货体验场景的设计来实现的。

打造直播带货体验场景，就需要深挖产品"性格"，然后再结合场景的视觉风格来开展，保证场景能够给用户带来极致体验。而极致体验的来源主要包括以下几方面：

（1）构建引发用户情感共鸣的体验场景

消费者往往在特定情境的背景下，在某一环境、氛围的烘托下，相应的产品可以激发消费者产生情感共鸣和购买欲望，进而产生消费行为。所以，要设计能够引起用户情感共鸣的直播带货体验场景，以用户可能存在的社会关系和情感要素为出发点，让他们融入生活角色当中，去发现他们更深层次的需求，甚至连他们自己都没有察觉到的潜在需求。

举个简单的例子。如果你直播间销售的主打产品是德芙，为了吸引流量、提升销量，可以在直播间设置一个浪漫、幸福的情侣表达浓浓爱意的场景，也可以设置一个紧扣“年年得福”的充满温馨和爱的春节场景。

这两种场景都非常立体化，给消费者带来了一种与众不同的情感体验。消费者看到这样的场景，就能产生情感共鸣，并激起内心中想要通过德芙向爱人、亲人表达爱意的欲望，自然而然地会购买产品。

（2）真实再现消费者的生活场景

打造体验场景的目的，就是让用户在主播的带领下，更好地感受产品的使用体验。而实现这一点，首先就需要保证体验场景能够再现消费者的生活场景，这样的体验场景能够给用户带来身临其境的感觉。

家电与日常快消品相比，本身就不是消费者能够轻松做购买决策的产品。消费者很难通过主播带货或者直播间让利活动就果断购买，更多消费者希望通过产品使用体验的好与坏，决定最终是否购买。

方太集成烹饪中心Z系列发布会直播现场，结合产品特点，设置了烹饪区、生活区、换装区，为消费者创造身临其境的场景体验。

在烹饪区，大厨现场使用方太集成烹饪中心Z系列产品做六菜一汤。整个烹饪过程只用了30分钟。通过这样的体验场景，让消费者能够更加直观地了解产品特点和优势。

在生活区，则邀请达人分享自己的生活体验，以一位普通消费者的视角，带领消费者更多地了解产品，又很好地体现了方太倡导的健康、有品位的生活方式。

在换装区，直接设置了有橱柜和无橱柜的两种装修方式，直接呈现了产品在空间上的优势。

最好的直播带货方式，不是将产品功能介绍多而全，而是让用户相信，购买一件产品，能够为其解决某个问题，或者提升其生活体验。体验场景可以让人感受到拥有产品后的体验，给人一种“我也可以拥有”的可能性。直播带货的体验场景，其实是在当下为消费者创造美好未来，然后再通过消费者完成购买，实现真实的美好未来。

所以，在进行直播带货时，不仅要展示商品，还要选对场景。为用户营造一个基于体验而构成的特定营销环境，使用户置身于使用场景，心甘情愿为商品埋单。

3.6　平台定位：选好直播电商营销阵地

直播运用于电商，改变了人们的购物模式，使得“云逛街”成为一种主流消费模式，同时也升级了商业经营模式，使得直播推广成为电商的标配。当前，直播电商市场，淘宝、快手、抖音、腾讯四分天下，成为最受青睐的直播带货平台。然而，不同平台做直播电商，在引流、变现特点等方面各有千秋。无论是大牌企业还是小众品牌，只有选择好直播电商营销阵地，才能获得高效的直播推广效果。

3.6.1　淘宝直播：淘宝页面流量触达直播入口

自从淘宝直播上线以来，越来越多的店铺商户开始加入淘宝直播，以寻求新的商业机会。但很多人并不知道淘宝直播究竟有哪些是对自己利好的地方，也不了解自己是否适合做淘宝直播。深入了解淘宝直播，对淘宝直播进行整体“扫描”，会帮你做出更好的判断。

淘宝直播，可以说是直播电商的引领者。早在2016年，淘宝就推出了淘宝直播功能，并且赋予了淘宝直播一些独有的准入条件和运营需求。

（1）开通条件

开通淘宝直播是有一定条件的：

必须有绑定支付宝实名认证的淘宝账号。账号属性不同，对开通淘宝直播的要求也有所不同。具体如下：

①普通会员 / 淘宝达人。

普通会员：要求微博粉丝数量≥ 5 万，并且在最近 7 天时间内，至少有一条微博获得过百的点赞数和评论数；或者在其他社交平台上的粉丝数≥ 5 万，且具有较高的粉丝互动率。只要满足其中一个条件，普通会员便可以开通淘宝直播。

淘宝达人：这里不包含商家身份的淘宝达人，要求粉丝数量≥ 1 万，且在最近 7 天内至少发布过一篇图文形式的帖子，即可开通淘宝直播。

②淘宝商家。

淘宝商家要求微淘粉丝≥ 4 万，并且具有 3 年以上的淘宝开店时间。

③账号主播需要具备一定的场控能力。

申请淘宝直播，还需要上传一份淘宝主播出镜的视频，要保证口齿流利、思路清晰、与粉丝互动性强，能够随机应变。视频播放时间建议为 5 分钟左右，太短会影响审核通过率。

（2）支持类目

淘宝直播带货支持的类目包含很多，包括穿搭、美妆、美食、汽车、珠宝、男士、旅行、鲜花萌宠、母婴、乐活、家居、潮电等。

（3）展现方式

淘宝直播带货的展现方式也有很多，其中关注和精选两个板块最靠前，且位置固定不变，还包括穿搭、美妆、大牌馆、村播、买全球、美食、汽车、逛市场、珠宝、男士、旅行、鲜花萌宠、母婴、乐活、家居、潮电十六个标签位置。淘宝主播可以根据自己直播销售的产品来选择标签进行展示。

（4）适合做主播的人群

①主播分类。淘宝直播的主播分为三个等级：

头部主播：主要指明星、大咖、KOL；

腰部主播：主要指那些转化高、能力高、颜值高的主播；

新晋主播：主要指那些新加入淘宝直播的人，主要表现为吸粉、变现能力较为欠缺。

②主播等级判断。2019 年 3 月，淘宝推出了“主播成长”体系，通过这个体系，主播可以判断自己的等级。淘宝主播等级，实际上是其影响力的体现，主播要想提升自己的等级，需要提升自己的经验值和专业分。主要提升方法如下：

经验值：主播的经验值和影响力通常是呈正比的。经验值的提升方法可以分为两种：第一种是基础经验值任务。每开播一分钟，就可以获得一个点的经验值，每天最多获得 200 点，超出部分不做计算。第二种是附加经验任务。主播在直播过程中，获得的点赞、评论、关注和分享，平台会根据数量进行结算，每天最多奖励 100 点，超出部分不做计算。

专业分：专业分的获得，同样可以有两种途径：第一种是基础专业任务。每天添加 1 个商品到直播间购物袋可以获得 2 个点的专业分，每天最多获得 200 点，超出部分或重复添加不会计分。第二种是附加专业任务。直播间用户通过购物袋进入店铺，或产生交易行为，平台会给予额外的专业分奖励，每天最多奖励 100 点，超出部分不会计分。

（5）流量分配原则

①标签竞争。给直播风格、内容打标签，其实是为了便于官方和粉丝精准定位你的直播属性，根据这个属性，官方会为你进行流量匹配。当你的标签被很多人使用，那么你所获得的流量范围就变大了，而你的流量精准度也会随之降低。标签竞争，实际上是与竞争对手争夺淘宝这个巨大流量池中的流量。

②层级攀登。即你攀登的层级越高，你享受的直播权益也就越多，在粉丝面前的曝光机会也就越大，你所获得的流量自然也就越多。

③活动排名。淘宝会经常举行各种活动，包括主题直播与终极排位赛。谁能将官方活动和任务完成得越优秀，则排名越靠前，也证明谁越有实力，平台会越偏爱谁，将流量分配给谁。

（6）优质内容判定

如果你的直播内容足够优秀，不仅可以在平台页面展示，还可以再精选做二次展示。淘宝直播是根据数据维度来判断直播内容的，这些数据包括消费者关注直播间数据、停留直播间数据、直播间成交数据等。

（7）货源

淘宝直播间货源，直接来源于淘宝店铺，无须另找货源。

（8）直播回放

淘宝直播目前已经上线了直播回放功能，主播正在直播的时候，可以点击一键录制，将直播内容作为点播文件。那些错过观看直播的用户，可以在直播结束后点击观看回放内容。这种方式能够尽可能地延长直播的引流和变现能效，将视频的价值发挥到极致。

总的来说，淘宝直播在老牌电商平台基础上开辟的新兴引流变现板块所涵盖的标签范围更广，几乎所有商品品类都可以在淘宝直播销售。同时，淘宝直播将淘宝平台内流量引入直播间，可以直接在平台内实现引流、变现，形成一个良好的闭环，是淘宝商家直播带货的首选。

3.6.2　快手直播：玩转基于信任度较高的“老铁经济”

快手直播是直播带货市场的后来者，却在直播电商领域表现出极强的引流和带货能力。这是因为以下三个原因：

首先，快手本身从做短视频内容起家，并且平台以内容吸引流量。在快手平台上开辟直播板块，是在一定的内容和粉丝的基础上，实现从短视频向直播的快速切换。所以，快手直播带货，从不缺乏内容生产者，而且引流变现也相对容易很多。也正是这个原因，使得快手平台成为重要的直播电商平台。

其次，快手背后有独特的社区氛围，快手平台上的用户之间以“老铁”相称，这种老铁关系体现的是一种非常强烈的、难以分开的、基于信任的用户关系。所以，在快手上做直播电商，天然自带“死忠粉”，有利于高效变现。

最后，快手用户大多数集中在三四线城市以及农村，这里是很多互联网平台所忽略的流量池，却是一个惊人的红利市场。在快手上做直播带货，能够挖掘到以往纯电商平台以外更多的流量，同时还可以形成错位竞争，真正实现高效增流、引流的目的。

快手直播带货的优势是显而易见的，但快手平台上做直播带货，也是有一定的条件和要求的。

（1）开通条件

在快手平台上开通直播带货，必须满足三个条件：

①在快手上开通快手小店。开通快手小店，则意味着你的快手账号具有了卖货功能。同时，你可以将所销售的商品链接都挂在快手小店，以便用户在快手平台内查看商品详情，并在平台内购买。

开通快手小店，无论销售什么产品，都需要有营业执照或许可证。

②开通直播权限。开通快手直播权限，你就可以在快手上做直播带货。开通快手直播，首先要保证快手账号处于正常状态、作品无违规；注册快手账号要大于 7 天；粉丝数超过 6 个；开通直播前一周，观看直播时间大于 1 分钟。

③实名认证。开通快手小店和开通快手直播权限，都需要进行实名认证。

（2）类目支持

快手直播带货不支持的商品类目包括：未经许可的医疗器械类、军事类、危险物品类、封建迷信类、高危安防设备类、侵犯他人隐私的器材类、烟草类等。

（3）展示方式

快手主打“同城页”“关注页”“发现页”推荐内容。通过作者创作的短视频内容，将直播间与粉丝连接起来。用户进入自己感兴趣的短视频播放界面，点击内容创作者头像，即可进入其快手直播间，在小黄车内看到主播销售的产品。

（4）适合做主播的人群

在快手平台上的主播，通常是快手账号运营者本人出镜做直播。无论草根还是“网红”、明星，都可以成为快手直播带货主播。

（5）流量分配原则

要想在直播间向观众展示更多的产品，有更多的产品销量，直播间有观众才是一切得以实现的根本。快手账号的粉丝，是直播间观众的主要来源。要想尽可能获取更多的粉丝，需要拍更加优质的视频作品，让作品上热门，才是获取粉丝最有效的途径。

快手流量分配有两种途径：

①快手智能推荐。快手视频作品上热门，主要是系统根据快手账号注册时填写的相关信息，包括个人资料、地理位置、周边用户等，以及通过对用户浏览作品行为的洞察，根据其兴趣、爱好为其进行精准内容匹配。这其实就是根据快手的智能推荐为用户推荐内容。

如果你上传的视频足够优秀，快手智能机器就会对你上传的视频内容进行识别，之后会将你的内容匹配给感兴趣的用户，这样能够有效提升作品播放次数、点赞数、评论数、转发数，提升作品上热门概率。

当你的作品上了热门，那么你的作品曝光量更大，能够有效提升进入你直播间观看直播的粉丝数量。

②反复叠加推荐。当你的作品在快手平台上分发初始流量后，平台会根据作品的初始流量反馈（包括完播量、点赞量、评论量、转发量）判断你作品的受欢迎程度。如果你的视频作品十分受欢迎，快手平台会将你的作品分发给更多的流量，以此达到反复叠加推荐的目的，让你的视频有更多的曝光量。由此，能够为你的直播间带来更多的流量。

（6）优质内容判断

快手直播内容是否优质，主要从直播间关注量、评论量、转发量、打赏量以及用户在直播间的停留时间进行衡量。

（7）货源

快手平台上做直播带货，销售的商品是通过直播间小黄车引向快手小店，而快手小店的商品可以是来自淘宝、京东、拼多多、有赞、魔筷等电商平台，也可以是为其他生产厂家、品牌商带货，或者直接销售自有产品等。

（8）直播回放

目前，快手直播还没有回放功能。开播即看即买，关播则无法回看。

总之，快手直播带货，本质上是网站基于信任度较高的“老铁经济”。换句话说，快手直播带货，就是将短视频用户迁移到直播间，让这些用户通过直播渠道与销售的产品建立联系，让整个社区在非常和谐的氛围下实现变现。做快手直播带货，前提和关键，就是需要有高品质内容，这是你的账号在前期能够快速积累粉丝的关键。在这个基础上做快手直播带货，才能收获可观的收益。

3.6.3 抖音直播：以内容为导向的粉丝变现

当前，直播+电商成为一种全新的带货玩法，抖音也加入这样的列队当中。主播先利用抖音账号打造优质短视频内容，积累了大量的粉丝用户后，再通过直播带货实现变现。事实证明，抖音直播带货更具变现优势。

那么选择抖音直播带货需要具备哪些条件呢？

（1）开通条件

开通抖音直播电商功能，需要同时满足以下四个条件：

①粉丝数量≥ 1000；

②实名认证；

③发布 10 个以上的短视频；

④开通商品分享功能，即商品橱窗。获得商品分享功能，就可以在直播间加入商品链接，引导粉丝边看边买。

（2）类目支持

抖音直播可以带货的种类繁多，凡是日常生活快消品，都是抖音直播带货支持的商品。但违规违纪以及危害公共安全类产品是禁止在直播间售卖的。

（3）展现方式

在直播展示方式方面，抖音与快手相似。抖音主打的是“关注页”“推荐页”推荐内容。首先通过创作者的短视频内容，将直播间与粉丝连接起来，用户进入自己感兴趣的短视频播放界面，点击内容创作者头像，即可进入其抖音直播间，在购物袋中看到主播销售的产品。

（4）适合做主播的人群

做抖音直播带货主播，同样可以是草根，也可以是“网红”、明星，只要有超强的带货能力、场控能力，都可以做抖音直播带货主播。

（5）流量分配原则

同样，要想了解抖音直播带货流量分配原则，首先要了解抖音的推荐逻辑。

抖音的流量逻辑是种算法。具体而言，抖音的流量分配方式主要有两种：

①智能流量池推荐。在抖音上上传短视频作品后，系统会对作品进行审核，包括内容的新颖度、是否违规、是否超过推荐基数（即超过吸引粉丝数量的最低值，抖音才会为你推荐作品），如果答案是正向的，你的作品才会被系统引入待推荐列表。进入待推荐列表后的视频作品，系统会根据你的抖音账号完善度、账号认证情况、推荐基数，以及视频播放量、点赞数、评论数、分享数等进行权重计分，并按照分值高低为你的视频作品进行排序，分值越高，则排序越靠前。而且抖音系统会将这些已经做好排序的待推荐作品，随机分配给审核人员进行审核。排序越靠前，就越能被系统优先审核。之后，系统会将那些通过审核的优质作品发布出去，并为你的作品进行第一次流量推荐。之后，系统还会根据初始推荐流量对你作品的反馈做一个综合评价，包括完播率、点赞量、评论量、转发量、关注量，以此评估你的作品是否优质。

②叠加推荐。叠加推荐，同样是以作品的完播率、点赞量、评论量、转发量、关注量这五个方面作为评判标准。通过这五个标准评估出来的优质内容，会得到抖音系统的叠加推荐机会。通常一个新作品，抖音进行智能分发，首次推荐会给予 300 左右的播放量，如果被推荐后，作品有较好的数据反馈，那么系统就会判定你的内容受欢迎，就会为你的内容加权，给你的智能分发推荐量进行叠加，给予你 3000 左右的播放量；如果第二次推荐效果依然能够获得较好的数据反馈，系统会持续进行叠加推荐，将给你推荐 1.2 万 ~ 1.5 万次左右的播放量；如果第三次推荐效果还能获得较好的数据反馈，系统会再次为你进行叠加推荐，给你推荐 10 万 ~ 12 万左右的播放量……以此类推。叠加推荐机制呈一种倒三角形流量增加形态。如图 3–2 所示。所以，如果你的一个视频火了，叠加推荐后流传就会变得非常广。

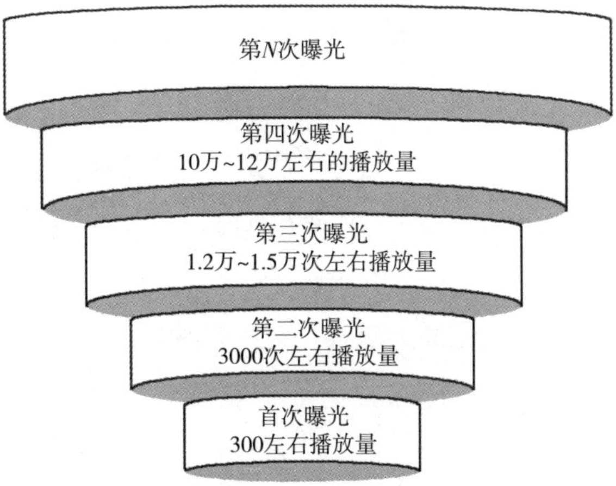

图3-2　叠加推荐机制的倒三角形流量增加形态

（6）优质内容判断

抖音直播带货，判断内容是否优质，同样是根据直播间关注量、评论量、转发量、打赏量以及用户在直播间的停留时间进行衡量。

（7）货源

抖音直播带货，直播间的商品通过抖音直播间购物袋连接，将商品直接引向淘宝、京东、小店、唯品会或者抖音商品橱窗。也可以为其他生产厂家、品牌商等带货，或者直接销售自有产品。

（8）直播回放

目前，抖音直播还没有开通回放功能，直播结束后无法回看。

抖音更加注重算法推荐，只要你的短视频内容足够优秀，就能为你叠加推荐，为你带来源源不断的流量，从而帮你将流量和直播带货连接起来。所以，做抖音直播带货，关键是要打造优质短视频内容，这是为直播间引流的关键。

3.6.4　腾讯直播：工具化的社交裂变与变现

在当前直播电商大火之际，腾讯作为拥有庞大用户规模的社交平台来讲，也加入直播电商，分得一杯羹。

腾讯直播是腾讯推出的直播小程序，是一款基于微信生态的直播产品，腾讯直播本质上是微信直播。腾讯直播并不是一个具有强聚合能力的内容信息流直播平台，更多的是扮演着一个插件的角色。

腾讯直播中，看点直播是一个点上直播带货工具，具有带货功能，而不是娱乐性质的直播。其最大的优势就是基于微信的庞大用户基础，能够为直播带货实现高效引流，同时能够通过转发实现快速裂变。看点直播能够有效盘活微信公众号流量，为直播带货吸粉和变现提供很好的流量基础。

（1）开通条件

①需要注册微信，开通微信公众号；

②私域流量粉丝≥ 500 人；

③实名认证；

④个体工商户或企业的法人营业执照；

⑤手机号实名认证信息与微信号实名认证信息一致。

（2）类目支持

①食品等类目，需要经营许可证作为辅助资料；

②珠宝，需要提交对应证书。原石、绿松石、蜜蜡等稀有矿产宝石不能开播；

③教育、培训、图书，腾讯官方只允许部分申请，幼儿亲子教育可以申请。商业培训、招商加盟暂不支持。

（3）展现方式

用户登录微信后，可以直接通过“看点直播”小程序进行直播，并在直播的过程中完成商品的销售。

（4）适合做主播的人群

可以做腾讯直播带货主播的人群有以下几种：

①有一定私域流量的电商卖家；

②有一定私域流量的 KOL；

③有稳定客流的线下门店。

（5）流量分配原则

腾讯直播带货，与其他短视频平台的直播带货，在流量分配原则上大不相同。腾讯直播带货，无论是什么样的内容，都基于创作者本身，而并不是推荐机制。这就要求主播有一定的私域流量资源。有了私域流量资源，就能获得粉丝更高的黏性。

（6）优质内容判断

腾讯直播带货，判断内容是否优质，同样是根据直播间关注量、评论量、转发量、打赏量以及用户在直播间的停留时间进行衡量。

（7）货源

腾讯直播带货，直播间需要绑定商城小程序。目前，腾讯直播带货支持微店、京东等电商平台，也支持添加集客魔方商城。将店铺绑定腾讯直播账号，即可在直播间售卖商品。

（8）直播回放

看点直播带货，主播在直播间边介绍产品，边进行全程录制。在直播结束后会自动生成直播回放，形成长尾效应，让成交率大幅度提升。

腾讯看点直播带货，将直播和社交、带货相结合，能够轻松激活用户。但目前，腾讯微信看点直播仅对部分公司开放开通权限，个人并不适合在腾讯看点直播进行带货。

第 4 章

产品策略：好产品才具备引爆直播电商市场的潜力

直播电商作为一枚“带货神器”，其目的就是通过直播销售产品。俗话说：“打铁还需自身硬。”做直播电商，要想成功，就要先确定好产品类型，做好产品策略。如果直播间销售的产品不能引起用户兴趣，不能让用户产生购买行为，那么这样的产品就很难引爆市场。

4.1 选品策略：选对产品，提升爆单概率

任何时候，好产品才具备引爆市场的潜力。做直播电商，虽然说可以在直播间销售的产品种类丰富，但并不意味着你能够随意、任性到想卖什么就卖什么，也不代表着不论卖什么，都有人买账。如果你做直播带货，人设的打造和场景的布局都做到位了，但产品没有做到位，没有选到更好的产品，那么你的直播也就可能打了水漂。

只有选对产品，才能有效提升爆单概率。所以，掌握一定的选品策略，让你的直播带货效果倍增。

4.1.1 与账号定位属性相匹配

在直播领域，有这样一条“军规”：“直播内容与账号定位要相符。”因为平台系统会根据你的垂直内容为你贴上精准标签，从而将你的内容更加精准地推送给你的粉丝。

同样，做直播电商，也一定要保证直播间销售的产品与账号定位属性相关联。否则，产品与账号定位驴唇不对马嘴，难以为你的产品带来流量和销量。

例如，如果你的账号是助攻美妆内容分享的，而你直播间销售的产品却是美食产品。美妆与美食属性不同，会给消费者产生一种误导感，难以为直播间产品带来销售转化。

那么如何选择与账号定位属性相关联的产品呢？

（1）在账号定位属性范畴内定产品

做直播带货，一定是先创建账号，再做直播带货。账号定位属性，决定了直播内容，直播内容决定售卖的产品。因此，在账号定位属性范畴内定产品，才能保证选择的产品与账号属性定位相关联。

比如，快手平台上有一个名为“怡怡车好物”的账号，就这个账号的名称，不难明白，直播间卖的产品与车有关。进入其直播间，发现其销售的产品有汽车摆件、汽车喷漆、车载蓝牙播放器、停车牌等。这些产品，都属于汽车专用范畴内的产品。

（2）选择账号定位属性相关产品

在围绕账号定位属性进行选品时，除了选择账号定位属性范畴内的产品，还可以选择与账号定位属性相关连的周边产品。这样就能有效延伸产品线，更好地丰富直播间产品品类。

这里还以快手平台上名为“怡怡车好物”的账号为例。该账号的直播间销售的产品，除了汽车专用范畴内的产品，还有防晒套袖、户外饮水桶、坐垫、空调被等，这些商品虽然初看都是生活中常见的物品，但实际上是由汽车专用产品延伸到了汽车出行用品。

围绕直播账号定位属性选品，可以保证你在选品时“不迷路”，也能保证消费者进入你直播间购买所需产品时“不迷路”，有效提升直播营销的精准匹配度。

4.1.2 与生活息息相关

当前，市场中的产品品种丰富、品类繁多，与人们日常生活中息息相关的产品，却有着很大的市场需求。

据国内知名社交媒体大数据技术服务提供商微播易提供的数据显示："消费者愿意花费更多的品类包括：食品饮料类占47%，服饰鞋帽类占45%，美妆个护类占42%，居家日用类占33%，运动产品类占26%，箱包类占16%，厨具浴卫类占15%，3C数码类占13%。"如图4-1所示。

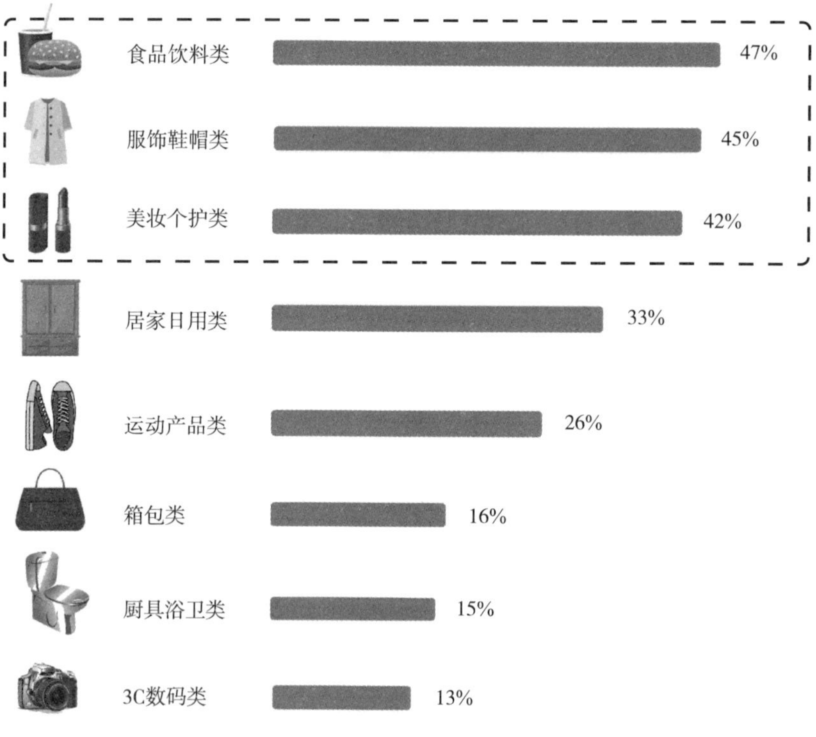

图4-1 消费者常购产品类目调查数据

显然，人们对于食品饮料类、服装鞋帽类、美妆个护类产品的需求量最大。这些产品都是人们日常生活中的快消品，其产品特点就是消费频率高、使用时间短，也正是因此，使得产品拥有了广泛的消费群体。

既然锁定了与生活息息相关的产品目标，具体如何选择呢？需要满足以下两个条件：

（1）刚需

什么是刚需？就是用户为了维持正常生活而离不开的必需品。换句话说，就是用户在购买产品时，不是因为喜欢而是因为需要。这样的产品就是刚需品。

举个简单的例子。如果你家里的水龙头坏了，需要买一个新的水龙头。当你买水龙头时，你只是选择和你之前坏了的水龙头相同型号的即可，而并不是将水龙头的颜色作为首要考虑的问题。你仅仅需要的是一个能够维持持续用水的功能的水龙头即可。对于颜色，绝大多数时候，消费者会直接选择不锈钢本色水龙头购买。至于其他，则无关紧要。

所以，直播带货，无论卖什么，功能、效用才是刚需，才是消费者最为关心的。如果考虑各种颜色，那么每个颜色都要做出一个清单供消费者选择，你会被多变的产品所拖累，先不谈是否能将水龙头产品打造成爆款，但可以肯定的是，你这样做的结果只能将资金都压在库存上。要知道，用户最为在意的是产品功能，对于颜色的偏好会淡化很多。所以，你只需要选择一款适用于所有人需要和偏好的产品即可，这样你不但解决了用户需求，还大大降低了备货环节的复杂程度，更可以减少库存压力。

总而言之，刚需是选品是否成功的重要要素。所以只有刚需产品才能更好地聚焦用户，才更容易打造成爆款。

（2）高频

高频，指的是人们在生活中经常使用的、经常消耗的产品。

以图 4-1 为例。食品饮料类、服饰鞋帽类、美妆个护类产品，是人们生活中经常需要使用的产品，而且消耗量大。像数码相机、智能手机、智能门锁这样的产品，虽然每天也在使用，但消耗量却不大，不会因为每天的消耗而使商品用量减少。所以，3C 数码类产品在消费者常购产品类目中所占比重较小。

总之，选品无小事，不可盲目进行。紧贴日常生活需求的产品，往往更容易在直播带货过程中形成爆款。

4.1.3 解决用户需求和痛点

判断一款产品是否是好产品，需要从两方面衡量：对于商家而言，是产品是否好卖；对于消费者而言，是产品是否能带来良好的体验。然而，决定好卖的，除了与生活息息相关的产品外，就是能够满足用户良好体验的产品。

所以，在选品的时候，一定要以满足用户良好体验为目标。用户良好体验的获得，往往是从能否解决其需求和痛点两方面来衡量的。在消费者眼中，同样价格的产品，谁能满足自己的需求，谁能解决自己的痛点，谁就是自己心目中的好产品，就会选择购买谁。

所以，需求点和痛点，是选品时需要重点考虑的两个因素。

（1）按照粉丝需求选品

直播带货，目的就是满足粉丝需求，从而激发他们的购买热情。所以，你在选品之前，一定要先明白粉丝的产品需求，而粉丝需求可以通过与粉丝话题互动，在聊天过程中洞察，或者可以借助粉丝数据工具来获取。然后在选品的时候，围绕粉丝的需求展开。选品源于粉丝需求，购买终于粉丝需求，这样的产品才能获得更好的销量。

（2）根据用户痛点选品

什么是痛点？痛点就是尚未被满足而又被广泛渴望的需求。如果说需求点是你知道消费者需要什么，那么痛点就是你要知道消费者当前使用的产品中没有解决的问题是什么。正是因为当前使用的产品有缺陷，所以才让他们感到“痛”，感到害怕和恐惧。

举个简单的例子。市场中售卖的坚果产品有很多，但很多时候消费者买了一袋坚果，并不能一次性吃完。包装袋一旦开口，就会使坚果受潮，虽然包装袋里有防潮剂，但依然会出现口感差、不易剥开的情况，很多时候不得不选择扔掉。坚果类食品本身售价就比较高，如此扔掉，对于很多消费者来讲，因为浪费而内心会感到一丝的“痛”。如果你在选品时，能够针对消费者的这一痛点，选择带有密封条的包装产品，这样消费者即便当时吃不完，也可以将坚果密封起来，再不用担心和害怕因为坚果受潮而不得不扔掉的事情发生。

能够抓住用户痛点，并创造出超乎用户期望值的产品，自然能够给客户带来极大的惊喜，能够刺激客户的兴奋点和购买欲。

4.1.4 “组合拳”出击，更易取胜

选品是直播电商的业务核心，错误的选品，不仅浪费时间，还不会带来良好的转化率。选品有时候就像是在作战，有时候，单品“上战场”的战斗力远不如组合作战。所以，在选品的时候，可以换个方式来思考，“组合拳”出击，往往更容易取胜。

这里所讲的“组合拳”，是指选品的打法采取“组合拳”的方式。简

单来讲，就是以产品组合的思维来选品，建立产品线。

例如，可以规划20%的核心产品，以尽可能地获取较高的利润；10%的爆款产品，以最大限度获取流量为目的；70%的常态低价产品，以互相配合为目的。

选品要针对不同的目标客户，对产品进行组合销售，制定多个组合套装，有以下几方面好处：

首先，如果组合为消费者必须的套装，则消费者只需要一次购买就能解决多个需求，这样的产品组合形式，对于消费者来讲，岂不是好事？

其次，当多个产品组合为套装时，每个产品都是用户必须，这时候，单个产品的价格也就显得比买产品叠加的价格高，这样的价位也超出了消费者预期，自然能提升消费者购买积极性。

最后，作为组合套装，竞品在市场中与竞争对手也有了一定的间隔，可以在同行竞争中获得更大的竞争优势，同时也不至于遭遇竞争对手的激烈抗击。

可见，在选品方面，通过搭配多个满足消费者需求的产品，无论对于消费者还是对于卖家而言，都是利好的。

4.1.5 新品首发，以“新”取胜

直播平台上聚集绝大多数用户是年轻人，他们更加追求新潮、时尚、酷炫的东西。所以，在选品的时候，要围绕直播用户的喜好进行。

品牌每次打造的新品，都可以是对之前所有产品在功能、用途等方面的更新和提升。新品，以“新”取胜，往往融入了新亮点、新设计、新材质。这些对于那些追求新潮、时尚、酷炫的年轻消费者来讲，具有极强的吸引力。所以选择新品首发作为直播间销售的产品，可以充分迎合直播用

户的喜好，快速打开直播带货市场。

2020 年 2 月 13 日，小米科技 CEO 雷军，做了一场小米 10 新品直播发布会。直播发布会结束后第二天，小米一天的销量达到 3 亿元。这个销售额再创新纪录，小米 10 也获得了单日销量、销售额双冠军。

雷军做发布会直播带货，之所以选择新品小米 10，而不选以前在市场中售卖过的产品做宣传，就是因为新品首发，胜在“新”，更能吸引米粉的期待和购买。

4.2　卖点策略：独特卖点让产品脱颖而出

激烈的市场竞争，使得市场中产品抄袭、模仿行为层出不穷，最终使得产品坠入同质化的海洋。做直播电商，要想在众多竞争对手中脱颖而出，就需要凭借别人无法企及的某种特色来赢得消费者。这也就是我们通常所说的卖点。

在做直播带货之前，首先就需要挖掘和提炼产品卖点，以便在直播过程中针对卖点进行产品宣传，让卖点更好地呈现在消费者面前。

产品的卖点，可以从三方面来寻找，分别为差异点、利益点、欲求点。可以总结为一个公式：卖点 = 利益点 × 差异点 × 欲求点。

4.2.1　找准产品与竞品的核心差异点

与别人在直播间卖同样的产品，别人的销量一路狂飙，而你的却几乎无人问津。你甚至看到这样的对比，开始怀疑人生，抱怨是自己的运气不够好。其实，成功与失败，表面上的影响因素是高转化率，但本质上是由购买理由和成交理由来决定的。消费者有足够充足的购买理由和成交理由，自然会疯狂购买你的产品。

购买理由，就是解决消费者为什么要在你这里购买的问题；成交理由，解决的就是消费者为什么要现在购买的问题。

很多时候，消费者在产生购买行为之前，都会来来回回做无数次比较和思考。如果他们在比较和思考之后，认为购买你的产品对他们来说没有太大的意义，自然不会产生购买行为。所以你要做的是，不给他们更多的揣摩和思考的时间，提前给出他们购买理由和成交理由。

直播带货，需要有临门一脚的意识，要将交易的一锤定音迅速推向高潮。所以，你的产品一定要具有一个或几个能够给足消费者立即下定决心购买和成交的理由。而这些理由其实就是产品与竞品的核心差异点。

那么如何寻找产品与竞品的核心差异点呢？可以从以下三方面入手：

（1）外观新颖别致

对于那些头部主播来讲，他们积累了超有效的带货技能、具备超强带货能力，更具有超大规模的粉丝团，他们销售的产品即便颜值不高，看上去给人笨重的感觉，也能卖得出去。但对于普通主播来讲，要想说服消费者当下购买你的产品，就需要在产品本身上找突破点。

直播间卖货，观众看得到却摸不着实物，所以，第一眼感觉很重要。这就像是两个人相亲一样，第一眼看着对方顺眼，也便产生了好感。所以精致、颜值高的产品自然能吸引观众的目光。

（2）采用奇特技术

俗话说：“好看的皮囊千篇一律，有趣的灵魂万里挑一。”作为一款有卖点的产品，自然不能因为普通的外观而认输。展现产品的前沿、奇特技术，也是体现产品独一无二的重要卖点。

就拿一款智能手机而言。当前的智能手机，几乎外观大同小异，但要想让你的产品在手机行业成为佼佼者，在直播间售卖产品时，你需要从产品中提炼出高新技术的应用作为卖点，才能让消费者真正领略到产品的独特之处。

（3）融入特殊情感

赋予情感的产品，才有灵魂。很多时候，在挖掘卖点的时候，往往只关注能否解决用户需求问题，对于产品是否能满足用户的某种特殊情感需求问题却很少关注。做产品，不能太狭隘，满足用户需求只是产品策略的第一步。如果能够将产品卖点上升到情感层面，将特殊情感融入产品，那么你的产品卖点则上升到了更高层次。

因为，通常情况下，消费者产生消费行为，一方面是出于理性消费，另一方面是出于感性消费。寻求并购买满足需求点和解决痛点问题的产品，这是一种理性消费。寻求并购买能够真正走进其内心的产品，这属于一种感性消费。

要想让产品走进消费者内心，就需要给产品融入某种特殊情感作为卖点，以满足用户的情感诉求。

所谓情感诉求，就是消费者在生活中不可避免的有关亲情、爱情、友情等方面情感表达、发泄、释放的需求。这种满足用户情感诉求的产品，实际上就是利用人的感觉、想法等情绪线索，迅速将产品与消费者的特定感知绑定，从而让消费者感受到产品传递出来的态度与情感，诱发消费者购买产品。

总之，如果你销售的产品能给人新鲜感、奇妙感、特殊感，哪怕是我们生活中经常会用到的产品，也能够让用户眼前一亮，引发他们强烈的购买欲望。一言之，有卖点的产品才更具有变现力。

4.2.2 翻译出产品带来的利益点

在营销领域，流行这样一句话："认知大于事实。"一个好产品，有再多的价值、再多的好处，如果你不告知消费者、不提醒消费者，那么他们根本不会意识到这一点，也就不会认同你的产品。这样产品的价值也不能为产品带来增值。

直播间，主播在不停地向用户强调产品的核心功能、差异化特点、品牌的强大、价格的优势、人性化理念等，就是在为产品提炼卖点，目的是想告诉消费者，产品值得拥有。

对于消费者而言，他们在购买产品前，都要事先考虑你的产品卖点能否满足他们的物质和精神需求，能否激发他们现在和未来需求，能否给他们带来什么独一无二的好处。所以，在直播带货的过程中，要清晰地梳理清楚产品的突出卖点是什么，明确卖点能给消费者带来什么样的实际利益，以便唤醒他们内在的消费冲动。

那么产品体现的哪些利益点可以作为产品卖点呢？

（1）帮助他人

产品能够帮助他人，给他人带来快乐，这样的产品更容易打动人心，获得消费者的认同。

例如，直播间销售农产品，在推广和介绍产品的时候，可以明确告知观众，这些都是助农产品，帮助那些在农村偏远地区的农户提供销售渠道，渡过难关。这样很多人会不求回报帮忙分享，在社交媒体上传递爱心。这样，产品已经不单单只是情感层面了，它所体现的爱心升华成为一种"大爱"，会获得更多人的支持和点赞。

（2）帮助用户打造形象

马斯洛的需求层次理论指出，用户购买产品，自我实现的需求是其最高层次的需求。所以，消费者购买产品，更希望能够通过产品帮助自我实现升华和改变。如果能从帮助用户打造形象的卖点入手，则产品会更受青睐。

（3）有价值、有功效

有价值、有功效，是用户心甘情愿付出高价购买的原因。所以，突出产品的价值和功效，让消费者明确产品的卖点，认为物有所值，自然能够激发消费者积极购买。

在提炼产品卖点时，从产品能够为用户带来的利益点出发是一个不错的选择。但需要注意的是，很多主播在直播过程中，为了让产品有卖点，便无中生有，过度炒作，使得用户在使用过程中期望值太高，使用后发现上当受骗。所以，在介绍产品价值、功效时，一定要坚持实事求是的原则。

4.2.3　满足消费者的欲求点

营销人员经常问自己的一个问题就是：什么样的产品才是满足用户期许的好产品？很多人的答案是：能够满足用户需求的产品就是好产品。

其实，深挖用户的每个产品需求，其实都是人体“多巴胺”的需求。换句话说，消费者的需求就是自我欲望的需求。

举个简单的例子。如果一个人想要买电钻，肯定是有原因的，因为他想要在墙上钻个洞。但钻洞的目的是在墙上挂全家福。其实，深挖他买电钻的真实需求，是通过墙上的全家福来回忆全家人共度的美好时光。这是他追求快乐、幸福的欲望。

任何一个产品，其存在的目的都是帮助用户完成一个任务。而产品刚需，只是其存在的最初始的意义。只有你真正满足了消费者的欲求点，你的产品在消费者眼中才能算作真正的好产品。所以，在打造产品卖点的时候，一定要围绕消费者欲求点进行。

那么什么是消费者欲求点？如何能够激发消费者的欲求点呢？

（1）优越感

当一个人自己比别人更优秀、更突出的时候，就会产生优越感。

那么如何激发消费者的优越感呢？答案就是挖掘产品人无我有，人有我优的卖点。你拥有了别人没有的产品，你就显得比别人更有面子；当别人已经有这个产品了，你却拥有了更具品牌优势和品牌力的产品。

所以，挖掘产品能够给消费者带来优越感的东西，从而满足消费者内心的欲望。

（2）攀比

优越感是因为自己认为别人不如自己，而嫉妒则是认为自己不如别人，所以产生嫉妒。有了嫉妒之心，便会与别人进行攀比。所以，要充分洞察消费者的攀比背后，他们内心想成为什么样的人？攀比心越强，表明他们越想成为那样的人。比如胖人更嫉妒苗条的人，朝九晚五工作的人更嫉妒时间自由的人等。

你的产品能不能让消费者成为他们想要成为的人，能不能激起消费者的购买欲望，取决于你的产品是否能激发他们内心的欲望。

（3）懒惰

懒惰是人的天性。人们往往在做某些事情的时候，会“避繁就简”，更加倾向于那些毫不费时费力就能完成的事情。基于这种懒惰，知识付费有了市场，外卖行业做得风生水起，电商发展蒸蒸日上。

所以，在塑造产品卖点的时候，要从懒惰角度出发，满足消费者对于“懒惰”的需求。只有让消费者获得他们想要的“懒惰”，你的产品才更有价值。

当然，这里并不是提倡这种恐惧方式，关键是让消费者感受到恐惧并选择去面对，而不是逃避。所以，适当引发消费者恐惧的同时，要为其提供一个能够消灭恐惧的有效方案，这样同样可以激发消费者的购买欲望。

总之，塑造产品卖点，不能只停留在产品功能上，还需要抓住消费者的心理。围绕消费者的欲望不断深入挖掘，才能助你打造产品的王牌卖点。

4.2.4　符合消费者价值点

之所以称之为“卖点”，是因为产品具备了前所未有、别出心裁、无人能及的特点。其实，在消费者心中，卖点就是产品的价值点。一件产品，能给自己带来什么样的价值，这件产品就具有了什么样的卖点。所以，在选品的时候，要以符合消费者的价值点出发，作为产品卖点进行挖掘。

什么才能算作是产品与众不同的价值点呢？

（1）产品的超预期价值

“用户需求无小事”，这句话正代表了商业的本质，企业只有围绕客户需求进行，选择超预期价值的产品，才能达到预期的销售效果。

格力董事长董明珠说过：“谁抛弃顾客，谁就是死路一条。”的确，只有全心全意与消费者站在一起，千方百计地为消费者挖掘产品价值，才是直播选品的最高境界。谁能够满足客户需求，谁的产品能为客户创造价值，谁就能成为行业中的王，这是市场竞争中永恒不变的竞争法则。

所以，在塑造产品卖点的时候，一定要超预期地提升产品价值。消费者在购买产品时，往往会有这样的希望：“如果能够在产品的某个方面再有所提升，就更好了。”在满足客户基本的产品和服务需求的基础上，他们往往希望能够获得一些其他方面额外的需求满足。这种需求要求主播在直播前先对产品做全面了解，并深挖产品中蕴含的超消费者预期的价值。

（2）产品高性价比

价格是产品的魅力来源之一，好的产品价格能吸引消费者，加强市场竞争优势。所以，价格作为一个重要卖点，有着不可低估的作用。

无论品牌商定价，还是主播叫价，一旦在价格策略上失误，就会带来负面影响和损失。在令人眼花缭乱的价格世界里，为产品制定合适的价格，是一个需要深入研究的问题。

消费者是否会为产品下单，往往取决于产品和价格。如果将产品价格定得严重超过消费者预期，那么消费者自然会认为你的产品不具备高性价比，自然不会为你直播间销售的产品埋单。对于消费者而言，首先必须有好的产品，才能对其产生吸引力，才会提升其对产品的好感。另外，你还需要在产品定价上多下功夫，在不亏损的情况下制定一个便宜的价格。这样给消费者营造一个“黄金产品 + 白菜价格”的氛围，才更容易让其有一种想要购买的冲动。当然，产品并不是价格越低越好卖，而且有时候价格太低，会让企业难以维持营销费用，会比较吃力，一定需要制定一个合适的价位，才能让你的产品既盈利又多销。

据相关数据显示，通常直播间销售的产品，价格在 10 ~ 100 元的产品更受欢迎。这个价格范围，是绝大多数消费者能接受的范围，几乎人人购买都不会有经济压力。

另外，很多直播间产品，售价尾数都是“9”。其实，这也是一个定价技巧。虽然 9.9 元和 10 元之间，只相差 0.1 元，却蕴含着消费心理学。因为相差的这 1 毛钱，会让消费者有一种占了便宜的感觉。

总之，价位只是一个潜在的外表，而产品品质才是内在美。有足够好品质的产品，做价格定位自然要容易些，可以高于同行价格，但要掌握一个度，过高则不及。

4.3　爆款策略："神级爆款"缔造的秘密

做直播电商，要想在行业中"混"得好，产品平平，销量平平，是没有前途的。必须不惜一切代价做好产品，打造"神级爆款"，让消费者看到你的产品时感觉你的产品就是好，碾压行业中其他直播间产品。然而，打造"神级爆款"，并非一日之功，需要从整体细节入手，更需要掌握一定的策略和技巧。

4.3.1　塑造标签，产品形象标签化

当前，直播带货已经成为一种潮流和趋势，越来越多的品牌开始走上直播电商之路，越来越多的产品通过直播的方式寻求流量和销量。面对这种竞争局面，做直播带货，必须对"爆款"加以重视。有了爆款，也就带动了销量的提升、带来了流量的增加、促进企业快速称霸市场。

但是要想让产品引爆市场，还需要为产品塑造标签。产品形象标签化，使得产品拥有了外在形象和内在"修养"，能够在市场同类产品中更具辨识度，可以向消费者传递出一种独特、鲜明、易被感知的信息。这种信息散发着出神入化的魔力，在特定的人群中形成高密度传播和流行。

那么如何实现商品形象标签化，应该从哪些方面入手呢？

（1）打造产品社交化标签

在当前互联网时代，任何产品想要流行，都必须具备社交属性。这也就意味着，在当前这个时代，产品不仅要具备使用价值，更需要具备社交价值。一件产品，只有用户愿意对其评头论足，愿意将其分享给别人，这

件产品才能在庞大的市场中形成规模效应。产品的社交属性价值来源于用户自我炫耀的激发。简言之，打造产品社交化标签，就是使人们使用了产品后，在社交圈内有炫耀的资本。

（2）打造产品艺术化标签

产品形象标签化，意味着给产品一个特殊的代号或符号。当前产品层出不穷、包罗万象，要想不在这巨大的洪流中被淹没，还需要用一定特殊意义和形式的艺术风格来支撑。这样产品才能被观众所识别，成为同类产品中的爆款。

打造产品艺术化标签，需要从产品外观挖掘。

可口可乐成立于1919年，距今已经有一百多年的历史。可口可乐能够成为当下全球畅销的爆款饮料，除了经典的口味和绝对的配方之外，还有一个关键点在于可口可乐瓶子的华丽变身，如图4–2所示。

图4–2　可口可乐的艺术化瓶身

最初，可口可乐的瓶子是酒瓶子形状，后来一次偶然的灵感下，设计师根据美国妇女当时最流行的一款裙子而设计成型的。这种具有优美曲线和弧度的瓶子不但外形美观，而且还能防止从手中滑落。

可口可乐的瓶身极富艺术感，如果把可口可乐瓶子看作是一件艺术品，那么它必定是当之无愧的品牌中非常成功的艺术品之一。

在直播带货的时候，主播可以充分利用可口可乐瓶身的特点，在讲解的时候给不同瓶身的可口可乐赋予不同的艺术化描述，为可口可乐贴上艺术化标签。

（3）打造产品环境化标签

很多时候，消费者的消费行为是受到外界环境的影响而发生的无意识行为。所以，在塑造产品形象标签时，需要从产品的使用环境入手加以利用，从而完成对消费者购买行为的引导。

例如，玫瑰花和巧克力与情人节最相配，康乃馨与母亲节最相配。

只要善于发现，特定的环境、特定的具有纪念意义的日子，都可以成为影响消费者行为的重要因素。对于高手而言，即便没有合适的外部环境，他们也会根据产品用途，主动创造环境，同样可以收到很好的效果。

做直播带货，主播同样可以结合产品故事，用讲故事的方式为产品贴上故事化标签。这样进入直播间围观的用户更容易通过感人的故事记住产品，使产品传播就变得自然、高效了。

4.3.2 单点引爆，小支点撬动大市场

有一项调查数据显示：专业运动员比十项全能运动员的单项成绩要高出 5% ~ 50%。这意味着，面面俱到的产品，往往不比单点突破的产品精而专，不能更好地深入人心。

俗话说：“十鸟在林，不如一鸟在手。”做直播电商，这句话依然适用。当前，直播带货的主播越来越多，通过直播间销售的产品也越来越

多，面对强大的竞争对手，你作为新人做直播带货，也不具备战胜强大对手的资源，只能给一些小众品牌带货。与那些大众品牌相比，产品又不具备很强的竞争优势。此时，你的生存空间有限，如果不做寻找产品的突破点，产品也就没有杀伤力，你在市场竞争中更没有爆发的力量。所以，此时你需要做的是集中力量，做产品的单点突破。小支点可以撬动大市场，这就是单点引爆的力量。

那么如何进行单点引爆，有哪些方法呢?

（1）产品细节入手，千锤百炼

任何产品，不怕没有缺点，就怕产品没有亮点。每一件产品，都有属于其自己的特点，但要想将产品打造成为爆品，不求十全十美，但求单点突破。而单点引爆的一个重要途径就是从产品细节出发，将产品的某个点从纵深的方向挖掘，并通过千锤百炼之后，呈现给观众，就可以获得意想不到的收获。

从产品细节入手，做单点引爆，可以从以下几方面入手：

①原料。原料是构成产品的基础，使用好的原料才能打造出好的产品，才能让消费者买的放心，用的安心。在直播带货时，将产品原料与其他同类产品的原料特殊性进行提炼和对比，可以作为一个引爆点。

②设计。消费者在购买产品时，往往会受到先入为主的影响。这就好比是看人一样，第一眼看到对方和颜悦色的样子，就会在脑海中认为眼前这个人一定是一个好相处的人，而认为那些一脸严肃的人一定十分苛刻。同样，一件产品，其包装、外观设计最先映入消费者眼帘。如果能从包装、外观上挖掘精良的设计元素，必将能够吸引消费者的目光，对产品产生由衷的好感，愿意为你的产品在直播间驻足。

③制作工艺。虽然直播带货，产品对于消费者而言，看得见却摸不着。但即便如此，消费者依然会更加关注产品的细节性东西，其中制作工艺是否巧妙、精良，也是影响其购买产品的重要因素。如果能通过屏幕向

进入直播间的用户展现产品的优质制作工艺，那么消费者必定会感知到产品优质的一面。

淘宝直播有一个粉丝量并不多的新主播，为淘宝商家做直播带货。这家店铺卖的产品并不是什么大牌，产品品质是消费者最为关心的问题。主播在销售一款高跟单鞋时，有人在评论区提问："是否磨脚？"此时，主播着重从这款高跟鞋的制作工艺出发，将鞋子放到摄像头前，告诉消费者这款高跟鞋为了防止磨脚，做了很多次打板，最终在后跟处做了特殊工艺处理，将后跟缝线移向两侧，有效杜绝了磨脚的弊端。此外，还专门做保证，自己亲自试穿过好几个小时，都没有磨脚。这位主播明智的地方在于，因为产品不是大牌，没有大牌背书，于是另辟蹊径，从制作工艺的细节入手，引爆产品。

④功能。产品功能往往是产品的最大亮点。有的产品在功能设计上不止有一个功能。但要想做单点引爆，就需要在众多功能中进行取舍，选择一个最核心、最突出的功能点向围观直播间的用户进行重点介绍。这个功能必须能够充分满足消费者需求。这样才更容易借助这个功能引爆产品。

以洗发水为例。市场中销售的洗发水品牌数量繁多，但不同品牌的洗发水却有各自的功能。比如霸王主打防脱、海飞丝主打去屑、飘柔主打柔顺、沙宣主打焕彩。如果你在直播间销售一款洗发水，可以在直播之前先对产品功能做功课，挖掘其更加鲜明的功能点，以便在直播的时候，将这个功能点反复告知消费者，占据消费者心理。

⑤服务。如果产品本身难以挖掘引爆点，就可以从产品服务上下功

夫。可以在商家力所能及和允许的范围内，向消费者承诺更多、更好的服务，以服务作为引爆点。通常，可以推出服务承诺、服务差异化、个性化服务、衍生服务，这些都可以作为卖点进行提炼。

⑥价格。价格同样可以作为一个产品的引爆点。如果产品在价格上更具优势，那么在很大程度上能够杀出一条血路。

比如，在种植户的果园做直播，就可以明确告知消费者“没有中间商赚差价”。这就表明，消费者可以以更低的价格在直播间买到现摘的新鲜水果。

⑦附加价值。消费者对产品的追求，在以往的产品品质的基础上有了更高的要求。他们更加看重产品超预期的东西，如品位、情感因素等。可以说，谁的产品附加价值越高，谁就越能满足消费者的需求变化，谁直播带货就越能获得可观的销量。所以，要充分挖掘产品携带的附加价值，将其提炼并告知消费者，消费者必定会因为这种出乎意料的惊喜而感动。

（2）竞品分析，挖掘用户核心需求

作为新人主播，做直播带货，与其他主播的竞争，就像“田忌赛马”一样，不适合与别人拼整体实力。此时，你只需要在一两个点上打败竞争对手，同样也能取得最终的胜利。但要找到这一两个能够打败竞争对手的点，就需要对竞品进行分析，挖掘用户的核心需求，这样才能更有针对性地进行单点爆破。

总之，单点引爆，就是要把“一厘米宽的产品，做一公里的深度”。产品拥有一个清晰的标签，要比拥有一堆模糊的标签更能深入人心，更容易在市场中有所突破。

4.3.3　创造流行，改变用户对产品的认知

一件产品，在市场中能像病毒一样促成大众传播，被人使用和谈论，这样的产品显然已经成为市场中流行开来的爆品。

2020年，全网女装非常流行“小雏菊”元素。很多女性消费者都钟情于有小雏菊元素的商品。与此同时，各个直播间带货，主播都会重点强调：今年小雏菊是流行元素，并主推各种有小雏菊元素的女装。所以，牛仔裤、连衣裙、T恤、雪纺衫、女包、女鞋等，凡是有小雏菊图案的商品，都被称为2020年夏装流行新款。

小雏菊之所以成为2020年的流行元素，进而带动相关产品非常受青睐，成为爆款，是因为产品运营者经过了精心的产品策划和运营，使其成为一种流行和时尚。事实上，任何一种产品，只要挖掘其引爆点，为其创造流行，都可以改变用户对产品的认知，成为行业爆款。

以下是几种通过给产品制造流行而让其成为爆款的有效方法：

（1）可视性

一件产品，只有清晰地呈现在消费者面前，才能让消费者感知到它的存在，才容易被消费者看到、听到，甚至嗅到、尝到。所以，一件产品要想流行起来，要想成为爆款，首先就要刷存在感。每种产品的流行，都有一个引爆点，大概率是建立在重复曝光的基础上。主播需要在直播的时候，多次重复介绍这件产品，以达到重复多次曝光的效果。

（2）反差感

只有曝光是不够的，还需要与其他产品形成鲜明的反差，才能使自己的产品不会被埋没。有反差感的产品信息则更容易被大家传播。

（3）抱大腿

有的小众产品难以引起人们的注意，这时候就需要将产品与生活中人们更为关心、熟悉和热门的信息捆绑在一起，让它成为人们谈论和购买的诱因。

李佳琦在直播间销售口红的时候，经常为粉丝们推荐平价的、颜色和滋润度能替代大牌的产品，让粉丝花最少的钱，买到最合适的产品。李佳琦的这种带货方式，就是一种“抱大腿”方法。

（4）极限属性

这里的“极限属性”，其实就是你的产品拥有哪些无人能及的属性，如机身最薄的手机、最轻的笔记本电脑、全球首款折叠屏手机等。

这种具有极限属性的产品，之所以能够激发人们的分享意愿，是因为人天生具有满足好奇心的需求。所以，要想让你的产品能变为流行在消费者中的爆款，打造极限属性，是一种不错的方法。

（5）行为剩余

行为剩余，简单来讲，就是消费者一天花 1/10 的时间用来使用产品，那么剩下的 9/10 的时间，就要用来为产品做宣传。这就是要消费者发挥“行为剩余”的价值。

举个简单的例子。很多直播间销售咖啡，会送一个该品牌的咖啡杯子，这样消费者在喝咖啡之后，桌子上摆放的咖啡杯子就能时刻提醒他不要忘记这个咖啡牌子，同时也在告知他周围的人：咖啡领域有我这个品牌。这种方法通过赠送一些周边产品，达到变相增加主打产品曝光率的目的。还能引起没有喝过这款咖啡的人产生好奇，也会尝试购买这款咖啡。

这世上本没有爆款，流行开来了也就变成了爆款。在解析如何能让你的产品流行起来这道题时，要扩大思考维度，才能从根本上改变用户对产品的认知，使产品快速成为行业爆款。

第 5 章
内容打造：直播电商内容价值实现从0到1的飞跃

直播与电商的融合，形成了新的电商模式。如今，直播电商呈现的一种有意思的现象是：电商平台做直播带货，越来越内容化，内容平台做直播带货，越来越电商化。但无论哪种平台做直播带货，都是以内容塑造专业形象。只有不断产出优质内容，才能获得用户认可。掌握一定的内容塑造技巧，做直播电商内容的价值可以实现从 0 到 1 的突破。

5.1 评判标准：优质直播电商内容生产指南

直播电商模式的出现，不仅为普通人打开了一条全新的变现通道，其强大的传播效应更吸引那些明星、名人、“网红”的加入。但无论谁做直播电商，本质上都是将主播聚焦的无数粉丝和优质内容转化为购买力。然而，内容却是核心要素。

因为好的直播带货内容，不但能吸引观众围观，聚焦粉丝，还能让观众主动关注你的直播账号，主动分享你的直播间，并有再次观看你直播的冲动。可见，直播电商和内容实现有效衔接，能够降低互动传播成本，达到高效传播的目的。

如今，优质内容已经成为直播电商变现的标配。优质的内容，往往具备很强的能见度、吸引力、引导力、获客力、转粉力。这五个方面是优质内容的评判标准，同时也是作为优质直播电商内容的生产方向。

5.1.1 内容能见度

做直播电商，就是通过直播内容自然而然地引出产品，有效提升产品的曝光度。然而，产品的曝光度取决于内容能见度。

所谓“内容能见度”，就是衡量内容覆盖直播用户的广度。实际上，内容能见度，本质上是指内容能够触达直播用户的数量。这是衡量内容是否优质的首要因素。内容能见度有多大，产品曝光量就有多少，而提升内容能见度，也就是让直播内容覆盖更多的人。

那么什么样的直播内容能够覆盖更多的人呢？

（1）有生活感的内容

每个人无论做任何事情，归根结底都是为了生活。在当前“内容为王”的时代，内容生活化、日常化已经是一种趋势。有生活感的直播内容，具有浓厚的生活气息和生活情绪，而且那些大家熟悉的生活场景，使得直播内容更具代入感。所以，有生活感的内容，增添了不少趣味性和亲近感，容易让更多的人所接受。大家都愿意来围观，自然你的直播内容能够覆盖更多的人。

2020 年 5 月 14 日，刘涛宣布成为“聚划算官方优选官”，随即她与嘉宾刘敏涛一起开启了直播带货行动；在这场直播带货行动中，最大的亮点：一是刘涛和嘉宾都是明星；二是整个直播内容具有很强的创新性，给人浓厚的生活化色彩。

整场直播都是通过展示主播的高质量生活，从而向观众暗示购买某种产品的必要性。刘涛作为一个营养达人和健身爱好者，具有自己非常擅长的领域，那就是家居。日常生活的展示和以往的带货，都能体现出她品味良好，而且懂得享受高品质生活。这样的直播带货内容，一方面可以满足观众对女明星生活的好奇心，另一方面也能让刘涛推荐的产品带有一种“这是可以让你的生活变得更加舒适的家居好物”的标签。

显然，这样贴近生活的内容，非常受广大用户的欢迎；这样的内容，覆盖用户的能力则更强。

（2）有情怀的内容

做直播电商，内容是关键。但平平常常的内容无法吸引和打动消费者。有情怀的内容往往能体现出高尚的心境和胸怀，这样的内容充满情绪化，更容易调动观众的情感共鸣，从而引发观众情不自禁地转发，形成病毒式转播，达到产品快速曝光，获得知名度的作用。

在最近两年，直播行业爱心助农受到好评。薇娅虽然是“网红”带货出身，但在2020年4月15日受邀参加《向往的生活》节目录制，为此节目组特意进行了大改版，薇娅录制节目时直接改为了直播。直播内容则是爱心助农。

本次直播带货，主推菠萝。直播开启后，薇娅作为带货的主导者，与何炅、黄磊、彭昱畅、张子枫等人开启了爱心助农活动。

将综艺节目改版为直播助农，这样的直播内容彰显了扶贫情怀，吸引了众多网友的分享和转发，有效激活了农产品经济。

你的直播内容是否具有较强的广泛覆盖用户的能力，是优质内容的判断标准之一。所以，在进行直播内容策划的时候，内容的能见度是一个必须考量的要素。

5.1.2 内容吸引力

直播带货之所以能让直播用户进入直播间，并驻足长时间围观，其原因就在于直播内容的吸引力。千篇一律的内容无人问津，有吸引力的内容却能让人们蜂拥而来。所以，好的直播带货内容，必须要有很强的吸引力。

怎样才能使直播带货内容更具吸引力呢?

（1）融入热点

热点内容是引发人们高度关注的因素之一。所谓“热点”，就是在当前一段时间内，能够引起人们高度关注的话题或信息。这些话题或信息，可以是新近发生的新闻事件，也可以是近期比较受欢迎的某地域热点。

每一个热点话题都包含着巨大的流量，都能引发人们的热烈讨论，所以热点话题具有超强的吸引力。在设计有吸引力的直播内容时，从时下热点出发，打造与产品相关联的直播内容。这样的内容才更加容易引发观众围观的兴趣，有效增长用户在直播间的停留时间。在直播的过程中融入热点话题，就会产生意想不到的引流效果，为你的产品带来前所未有的曝光量。

例如，2020 年年初，受新冠肺炎疫情的影响，如何做好消毒工作，成为时下的热点话题。主播在直播间带货，则可以将当下人们最关心的“如何消毒”话题融入直播内容中，通过与用户的话题讨论，引导消费者购买产品。这样，直播间与该内容相关连的消毒液产品就有机会被流量加持，获得极高的曝光量和关注度。

（2）打造年轻化内容

当前，直播用户的年轻化特点越来越凸显，所以，在直播平台上购买产品的主力军是年轻人。任何时候，开展营销活动都是为了迎合消费者口味和需求。做直播带货同样如此。直播带货，重在内容营销。内容能否迎合消费者是关键。因此，直播带货内容必须呈现出年轻化的特点，才能吸引直播用户的围观兴趣。

打造年轻化内容，首先就要了解年轻人喜好，因为了解才能迎合；懂的年轻人的心理，因为懂得才能共鸣。之后，再融入年轻人的语言，尊重和拥抱他们的文化。最后，将精心炮制的优质内容，以年轻人接受的方式给他们来个“措手不及”。还没等他们来得及思考什么，就已经被直播内容深深地吸引。

总之，直播带货内容千篇一律，吸引力则大打折扣。做直播电商，还需要在内容的吸引力上多下功夫。

5.1.3　内容引流力

内容引流力，即消费者浏览内容后，引导其进店访问的能力。直播带货，其实是一种借助内容引导消费者购买的模式。这种模式下，有时候交易并非及时产生，而是需要一个流量逐渐积累、实现从量到质的过程。

具有强引流力的直播内容，往往能为直播带货带来可观的流量。因此，这种引流力，也便使得直播电商内容更具价值。

那些真正具有引流力的内容往往具备以下特质：

（1）强专业性

通常，那些具有专业性的事物才更容易被人接受和认可。如果你的直播内容有足够强的专业性，并能提出非常独到的见解，那么你在直播带货的过程中就能体现出较强的专业素养，能够更好地赢得直播间观众的信赖。与此同时，他们也会选择相信你推荐给他们的产品具有相对的专业性。所以，具有强专业性的内容，能够起到很好的引流效果，将直播间用户有效转化为店铺流量。

（2）强话题性

强话题性内容能够带动人们的情绪，容易让观众产生情感上的共鸣。同时，话题性很强的内容，永远是能够激起人们关注和热烈讨论的焦点。在设计直播内容的时候，要爆出热点引发直播间观众讨论。更重要的是，观众会主动将话题分享给自己的朋友。显然，强话题性内容能够引导直播间观众建立社交关系，让更多的人关注直播间，起到为直播带货强效引流的目的。

快手平台上有一个叫作“私人宠物医生安爸”的账号，这个账号主要是向用户科普养宠物的方法和技巧。该账号每次在快手上做直播时，都会与直播间观众进行话题讨论，如小狗为什么会有泪痕、猫咪掉毛严重怎么办、小狗不能吃什么东西、小猫太胖了怎么减肥等，这些话题对于那些喜欢养小动物的人来讲，是他们非常关注的话题。而“私人宠物医生安爸”则用非常专业性的知识做详细回答，给直播间观众提供了非常有价值的内容。这样的内容不但具有强话题性，还有强专业性，开播仅 5 分钟，就吸引了 3000 多人的围观。尤其在讲到如何去除小狗泪痕时，有的用户直接问有关购物车中能够去除小狗泪痕的狗粮的问题。显然，有人提出与直播间销售产品的相关问题，意味着“私人宠物医生安爸”的直播内容，已经将直播间流量引向了店铺。

做直播带货，具有超强引流能力的内容，其蕴含的超强价值、所产生的作用是不容忽视的。

5.1.4　内容获客力

直播带货能够吸引消费者疯狂“买买买”，足以体现出其极强的获客力。直播电商，注重内容的打造，原因就是借助直播内容来一步步引导消费者产生购买行为。内容获客力，也是衡量直播带货内容是否优质的重要因素。

内容获客力，主要是将内容引导消费者收藏商品、购买商品，以及产生支付行为。实际上，用户进入直播间，说明已经对直播间内容感兴趣，只有将这种兴趣进一步转化为需求，才能使用户产生收藏、购买、支付行为。可以说，内容的获客能力越高，则直播带货的变现效果越好。

那么如何提升直播带货内容的获客力呢？设计直播带货内容，需要从以下几个方面入手：

（1）明确利弊的内容

人类对任何事情都是趋利避害的，这也体现出人的一种欲望，一种极力想要避开不好人、事、物的欲望。所以，在打造产品卖点的时候，让消费者发现：一种是购买的话可以得到潜在利益；另一种暗示着不购买的话会存在很大的风险。消费者在明确两种不同的结果之后，必定趋利避害，下定决心购买产品。简言之，强利弊性内容可以引导消费者完成付费转化。

比如，前段时间市场中十分火爆的磁石面膜，很多直播间都有销售。产品本身的特点和原理是：将面膜泥敷到面部，面膜能与毛孔内的污渍发生作用，结合一起。待面膜敷上15分钟左右，使用磁疗仪就可以把一些脏物质、黑头等一起吸出皮肤。所以，直播间主播结合这种产品的特点和原理，打造出了产品卖点：如果不使用这款磁石面膜，面部的脏物质、黑头等会让肤质暗沉，失去弹性，加速皮肤衰老。使用这款产品，则可以使肌肤白亮焕肤、更加紧致细滑，使肌肤保持一种健康的美丽状态。

（2）唤醒需求的内容

消费者购买产品的原始动力，其实还是为了解决自己的“需求”问题。需求包括现实的需求和潜在的需求。消费者面对现实需求时，能够非常急切地想要满足需求，因此能主动产生购买行为。但潜在需求则需要加以唤醒，才能从模糊转为清晰，让消费者意识到自己的确有这方面的需求。面对潜在需求，你需要通过直播内容进行提示和说服，才能有效唤醒消费者的潜在需求，并增加其对潜在需求的强度，才能达到消费者购买产品的目的。

李湘在直播间为一款B族维生素复合叶酸片带货，她并不是一开口就推荐产品，而是先抛出内容，唤醒消费者需求。

叶酸片通常是女性备孕时要服用的产品。所以，如果一上来就开始推销产品，除了孕妇，对于很多人来讲，并不认为自己对叶酸片有购买需求。但李湘则首先对直播间用户发问：有没有人因为口腔溃疡、口角炎而感到吃饭困难？有没有人因为经常熬夜而感觉无精打采、免疫力下降，长了痘痘？尤其是女性，有没有发现自己头发干枯，无光泽？这些问题一抛出，就有很多人“对号入座”，感觉自己就是其中一类人，或者同时以上几种情况都存在。

发问完之后，李湘便抛出相关知识：维生素 B_1，有效防止脚气；维生素 B_2 缓解口腔溃疡、口角炎；维生素 B_3 增强记忆力；维生素 B_5，可以增强免疫力，消除痘痘；维生素 B_6 可以提神；维生素 B_7 防止头发干枯；维生素 B_9 能够为人体补充叶酸……正当用户感觉自己对以上 B 族维生素中的一种或几种有需求时，李湘便正式抛出产品——B 族维生素复合叶酸片，明确告知用户，这款产品中含有以上多种 B 族维生素，可以满足不同人的需求。

显然，李湘的直播内容步步为赢，先引导人们“对号入座”，然后抛出知识内容点，唤醒消费者的潜在需求。最后，将产品正式亮相，激发消费者的购买行为。

所以，要想提升直播间的获客力，想要让消费者购买产品，就必须用有效的内容先唤醒他们的相应需求，让消费者想要使用你的产品来解决自身需求问题。

5.1.5 内容转粉力

一次性购买只能带来一次变现，而消费者的贡献价值也只是一次性的。“路人”的价值是很低的，而“死忠粉”才会贡献出很高的价值。如果能够将消费者加以沉淀，使其从消费者转变为直播间主播的粉丝，那么一位消费者就能产生多次重复购买，并主动将直播间分享和转发，就可以为直播间带来源源不断的流量和销量。实现“路转粉”，其实就是对直播内容转粉力的一种考验。

那么什么样的内容才能使直播间消费者实现“路转粉”呢？

（1）强价值性内容

拥有强价值性的内容，没有人愿意排斥。因为，这样的内容能够给人们带来有用、有帮助的点子和技巧，让人们的生活变得更加舒适、惬意和美好。也正是如此，强价值性内容具有强吸引力，而融入相关产品的强价值性内容，则更具引流力，实现直播间流量向店铺流量的高效转化。在设计直播内容时，一定要注重内容的价值性。

当然，如果你只能为直播间用户带来一次强价值性内容是远远不够的，只有输出源源不断的强价值内容，才能完成粉丝的沉淀，才有为你不断带来价值的可能。

（2）强互动性内容

直播的魅力在于真实性和互动性。直播内容单一，缺乏互动，容易让用户产生无聊感。而拥有强互动性的直播内容却能给用户带来不一样的感受，同时也增强了用户与主播的情感依赖和黏性。

一方面，很多观众已经把直播当作一种精神陪伴，通过与主播的互动形成情感上的依赖。

另一方面，在直播的过程中，用户互动的评价、讨论等交互行为，可以被主播充分利用，根据这些评价、讨论等进行新的内容创造。这样一来，直播间受众既是内容的接收者，也是信息的评论者，甚至能从旁观者变为参与者，不但通过评论发表了自己的观点，还参与了直播内容的生产。这种强互动性内容，有效深化用户的参与感，大幅提升用户的幸福感与荣耀感，很大程度上能够增加客户黏性。

直播电商中，奥利奥与大张伟、薛之谦两位段子手在天猫直播上做的那场直播，可谓最经典的强互动直播带货。在直播过程中，以网友提出的“奥利奥的各种吃法挑战”为内容，大张伟、薛之谦则一项项完成了网友提出的各种挑战，如自制奥利奥、唱歌喂饼干、挤眉弄眼吃奥利奥等游戏。整个游戏互动环节在一片嬉笑声中进行，大张伟更是在吃饼干环节中改编了《演员》的歌词，拿起奥利奥的包装说明就开始深情演唱。整场直播，不但使得“扭一扭、泡一泡、舔一舔”的广告词深刻地刻在年轻人心中，而且使得广大受众在一片欢声笑语中观看直播，不愿离去。

在开播 1 小时的时间里，直播间就获得了 300 多万粉丝的积极互动。而奥利奥当天在天猫全渠道的销量更比平时翻了 6 倍，惹得不少消费者在直播中留言“断货啦”“求补货”。奥利奥旗舰店的新客量占了 91%，粉丝获取量日均增长了 15 倍。

总之，光说产品其实很无聊，做直播带货最重要的就是打造直播间的差异化。直播间其实就像单品一样，不能总是不停地讲解产品，还需要有更多好玩、有创意的互动内容。能与用户玩得开、玩得来，才能保证进来直播间的用户对你的内容十分感兴趣，愿意成为你的粉丝，不离不弃，和你一直玩下去，为你贡献更多的价值。

5.2　内容设计：优质直播电商内容炼成技巧

直播电商的发展如火如荼，然而直播带货能够大火，关键还在于内容。好的内容就像是一剂有效的催化剂，只有经过精心设计，才能够激起粉丝的购买欲带动产品的销量，让品牌借助直播带货模式快速定天下。因此，掌握优质直播电商内容炼成技巧，是主播带货的必修课。

5.2.1　找擅长的领域做自己的赛道

对于直播带货的新手来讲，如何打造有魅力、有吸引力、有获客力的直播内容或许是一件让自己感觉头疼的事情。但一个人不可能什么都懂，什么都会，只有自己最擅长的东西，才能做到最好，才能做到精而专。所以，新人主播选择最适合自己的直播内容赛道，就是找到自己最擅长的领域。

那么如何找自己擅长的领域做直播内容呢？以下两步可以让你对此更加明确：

（1）挖掘专长，了解自己

专长，就是挖掘自己有哪些方面的才能可以让自己在人群中脱颖而出。每个人都有自己的专长，有的是自己知道的专长，有的是潜在专长。提及专长，很多人的第一反应就是唱歌、跳舞、讲段子、书法。但如果你既不会唱歌、跳舞，也不会讲段子、书法，你自己也拿不准自己最擅长哪个领域，你还可以向着其他方面去挖掘。比如你平时并不做饭，但有一次突发奇想，做了一次黑暗料理，却很受身边人的赞赏，那么擅长做黑暗料理就是你的潜在专长。再如，你平时着装搭配虽然看上去简单、朴素，却给人十分优雅、得体的感觉，而且还能达到服装搭配很好地修饰身材的效果，这就意味着你在服装搭配方面很有一手。这些潜在专长虽然是隐性的，但都可以是你的专长。

（2）挖掘自己的知识储备

直播带货的过程，其实也是挖掘自己知识储备的过程。如果你选定了自己最擅长的领域，就需要在直播的过程中多挖掘你之前在这个领域所积累的丰富知识和经验，这些知识和经验，可以是你直播带货的最好内容。当然，知识是无穷无尽的，而你的直播内容也需要持续不断推进。当你感到自己的知识储备不够多时，还需要多加学习，不断为自己充电。这样才能为直播带来源源不断的、具有持久吸引力的内容。

很多新手主播带货，没有点赞量，且用户进入直播间停留时间很短，只停留 5 ~ 10 秒便跳出了直播间，更没有关注量，很大程度上是因为主播没有选对内容领域，使得直播内容既干巴巴、无趣，又不能为用户带来价值。所以，在选择领域这一块一定要慎重，不但要学会从自己擅长的领域中深挖内容，还要保持垂直内容的稳定输出。

5.2.2　内容富有创新和活力

随着直播电商蕴含的巨大红利越来越凸显，越来越多的品牌、网红、明星、名人、素人等涌入直播间，使得直播带货这条赛道越发拥挤。

当前，绝大多数的直播带货逻辑依旧停留在做直播之前，事先准备好产品推广文案，然后在直播的过程中照着文案读，以此推销产品。实际上，这种直播带货方式还依然停留在卖货的初级阶段。因为，这样的推广方式几乎人人都能做，而且成本低，无须花时间、精力，无须耗费脑力、挖空心思去考虑如何打造精彩的直播内容，如何通过不一样的内容换来理想的直播带货效果。但也正是这些原因，使得直播电商模式下，直播内容的同质化越来越明显。这样的结果，尤其是那些素人主播来讲，毫无竞争优势可言。

要想打造独一无二的优质直播内容，要想用内容赢得更多的流量和销量，就应当打破当前直播内容同质化的壁垒，给直播内容赋予创新和活力。直播内容是否优质、有创意、有活力，直接决定了直播带货的“生”与“死”。

那么如何才能使得直播内容富有创新和活力呢？

（1）品牌 IP 融入直播内容

什么是品牌 IP 呢？品牌 IP，就是将品牌捆绑 IP，从而实现品牌人格化，通过 IP 输出的价值观来聚拢粉丝，赢得粉丝的认可，有效拉近品牌产品与消费者之间的距离。

实际上，品牌 IP 就是一个能让品牌叫座又叫好的招牌。每一个品牌都有属于自己的、与众不同的 IP。要想直播内容有创新、有活力，要想杜绝直播内容的同质化，将品牌 IP 融入直播内容当中，是一种行之有效的方法。凭借这一招牌，可以让你的直播内容因品牌 IP 的与众不同而在众多直播内容中脱颖而出，因品牌 IP 的人格化而变得鲜活起来。

（2）打造充分展示自己特色的直播内容

对于任何一个主播来讲，做有特色的原创内容直播都是其在直播行业立足的根本，同时也是提升直播带货效果，实现高效引流、变现的重要途径。因此，在做直播带货的时候，主播一定要打造属于自己的特色内容，并将其充分展现给用户。

举个简单的例子。别人卖汽车配件，都是将介绍产品配件的知识作为直播内容，进而推出产品。但如果你能够从与配件有关的汽车使用的相关知识作为直播内容，则更能吸引平台用户进入直播间围观。

比如，一到夏天，汽车空调制冷慢，下雨天空调不工作。如果去 4S 店，又要换压缩机，要换空调冷凝器，还要加氟利昂，说保准空调能好用。但本身汽车价格就不是很高，所以花如此多的费用，并不划算。这些问题是很多有车一族的日常烦恼。如果能从车主的这些烦恼出发，为他们提供既省钱，又好用的解决方法，自然能激发人们的求知欲，吸引人们的兴趣点。

通常，汽车空调出问题，是因为其室外温度传感器故障导致。室外温度传感器在汽车保险杠里边，其工作原理就是通过室外温度来判定汽车空调是否工作，换一个很便宜，只需要几块钱就能搞定。如果室外温度传感器没有发生故障，就从实际操作来达到良好制冷的效果。第一步，一上车，不要着急打开空调，要将车窗全部打开，以便让车内空气流通；第二步，将空调开到最大风量，将风道里的灰尘和热气全部排出；第三步，打开空调的“AC”键，行驶 100 米后把车内的内循环打开，然后再关闭车窗，把空调的出风口调向上方，调成正常风量。此时，车内温度就能迅速降低。

显然，这种为车主解决问题而顺势推出产品，并能现场进行操作的方法，比直接上来就推销产品的方法更加新颖、有特色，更加通俗易懂、生动形象，更容易让人接受。

总而言之，唯有持续打造具有创新和活力的直播内容，才是处于更高“段位”的优质内容，才能使得直播带货更具新鲜感。可以说，有创新和有活力的内容，是直播电商能够长久地发展下去的第一动力。

5.2.3 学会用直播讲品牌故事

打造优质的直播内容，是为直播带货服务的。所以学会用直播讲品牌故事，也是打造优质直播内容的策略之一。

美国著名广告人李奥·贝纳说过：“每一个伟大的品牌或产品，其中必有一种伟大‘戏剧性’。”走心的、富有戏剧性的品牌故事，更容易通过有情感、有温度的故事情节带动整个直播间氛围，引发直播间用户产生情感共振。可见，品牌故事，是连接品牌、产品与消费者内心的情感连接。更有助于直播内容的商业化价值变现。好的品牌故事，能够穿透用户的心，还能在广泛的群众中形成传播。

那么如何为观众讲具有穿透力和传播力的品牌故事呢？

（1）了解品牌故事

每一个品牌，都有属于自己的品牌故事。好的品牌故事真实感人，容易传播，更能触动人心。深入了解品牌故事，有助于你更好地理解故事内涵，以便为直播间用户更好地讲述品牌故事。

（2）挖掘品牌核心价值观

品牌故事，就是一个与品牌理念相契合的故事。而品牌故事真正能够吸引目标消费者的，其实是品牌的核心价值观，品牌故事之所以能够在消费者中间得以传播，同样是因为其核心价值观。

以农夫山泉为例。农夫山泉的广告非常善于用故事的形式来体现品牌的核心价值观。之前，农夫山泉有一则广告是立足于普通员工在农夫山泉工作的故事为题材进行产品宣传。在广告片里，农夫山泉的员工为了找到优质水源，跋山涉水，走到十分偏远的地方，而且他们常年不辞辛劳做着同样的事。这样的故事化广告，使得农夫山泉在产品维度上叠加了一层人文情怀，让冰冷的水有了温度。更重要的是，农夫山泉的品牌故事，凸显了其核心价值观：饮用天然水、健康水。

（3）以核心价值观为传播支点，讲品牌故事给用户听

核心价值观体现的是一个品牌的文化，是品牌发展的核心点。所以，在为直播间观众讲述品牌故事的同时，一定要以核心价值观为传播支点，让观众更好地读懂品牌，更好地了解产品，最终才能潜移默化地将品牌和产品信息植入消费者心里，收获更好的传播效果。

在设计直播内容的时候，为直播间用户讲品牌故事，目的就是通过品牌故事达到品牌在观众中完成传播和渗透任务。印在品牌手册上的品牌故事难以具有传播力，而流传于消费者口头的故事才能让人铭记于心。有了这样的内容作载体，品牌直播就能达到显而易见的引流和变现效果。

5.2.4 寓娱乐于直播带货内容

人们总是喜欢有娱乐性质的东西，对那些枯燥、生硬、灌输的内容很难感兴趣。而直播平台本身是为娱乐而生，直播电商以直播为引流渠道，也因此兼具了娱乐化效果。这样，“互动娱乐 + 带货”便成了直播电商的本质内涵。

寓娱乐于内容，是直播带货对受众内容需求的一种满足。具有娱乐属性的内容，将直播间打造成了一个全新的娱乐购物场所，而极强的娱乐色彩吸引来的是一批新兴的互动娱乐“玩家”。

互动娱乐直播带货，生产的内容由主播和消费者在实时条件下交互完成，从产品推荐到产品购买，一步到位。在整个购物过程中，消费者以一种趣味的方式、以一种愉悦的心情获得了产品，真正实现了线上边玩边买的购物体验。可见，娱乐性直播内容能够更好地诱导消费者在自身和产品之间建立需求点，能有效提升消费者的购物主动性，为直播带货带来更好的营销效果。

如何打造娱乐性直播内容？需要注意以下几点：

（1）娱乐内容围绕带货进行

直播内容娱乐化，就使得直播带货变为具有综艺感的直播活动，这样的带货形式，客观性会高出很多。但打造娱乐内容，不能漫无天际、盲目进行，要时刻提醒自己，娱乐内容是为带货服务的。无论娱乐内容的方向是什么，都应当围绕带货进行。

例如，一次，艺人大张伟做客薇娅直播间，与薇娅一起带货。薇娅邀请大张伟为一款搓澡刷子带货时，直接将刷子拿起来现场做搓背的动作，还即兴唱起了歌。无论是搓背动作还是即兴唱歌，都是围绕这款搓背刷子进行，使得直播带货充满了娱乐色彩。

（2）娱乐但不低俗

娱乐，目的就是迎合大众，达到精神上的快乐。但这种娱乐并不意味着就是低俗。所以，打造娱乐性直播内容也一定要注意有分寸、有底线。当然，娱乐也可以很高雅。

融入娱乐特点的内容，能够有效提升直播间的消费氛围，使消费者购物充满欢乐。这比那些毫无生气的直播内容更胜一筹。

第 6 章
直播技巧：直播带货不凭运气靠实力

直播带货以直播平台为载体，为品牌进行口碑宣传，从而提升品牌形象，提升销售数量，因此成了当前品牌营销的标配。借助直播平台进行品牌宣传，需要掌握直播技巧和运营步骤，这样才能有的放矢地从无到有打造市场，进而让直播电商的价值最大化。

6.1 运营规划：有规划，直播带货盈利才可期

好的开始是成功的一半。做直播电商，首先就要做好直播工作。可以说是无直播，不营销。做好直播运营规划，才能保证在后续的引流、变现环节有的放矢。

6.1.1 账号建设与维护

做直播电商，需要首先创建一个好的直播账号，并做好维护工作。这是做直播带货的一项必做工作。永远都不要忽视账号建设的重要性。但直播账号注册成功，并不意味着可以放心运营了，还需做好账号维护工作。

（1）账号建设

打造一个好的直播账号，其实就是做好个人主页信息填写，需要做好以下几个方面：

①账号昵称。直播平台上主播数量千千万，昵称也形形色色，让观众记不住、分不清。给直播账号起一个好的昵称，能让观众记住并喜欢上你，为你的直播间吸引更多的人气。

一是与直播风格保持一致。之所以起昵称，就像是我们每个人都有自己的名字一样，是为了与其他主播区别开来，以便用户记住自己，找到自己。但在设置昵称之前，一定要现实考虑自己的直播风格。两者保持一致，才更能形成自己的直播特色。

二是朗朗上口，简单好记。好的昵称，一定要读起来好听、顺畅，才能好记。另外，在设置昵称的时候，一定要避开生僻字。

三是叠字昵称，更显亲切。叠字昵称，往往给人一种简单、可爱、亲切的感觉，能很好地拉近主播和粉丝之间的距离。

四是一旦确定，不要随意更改。账号昵称一旦确定，就不要随意更改，以便粉丝能通过搜索的方法快速找到你。

②账号头像。账号头像，代表主播的个人形象，如果你的形象不能立即展示你的美好，就难以吸引用户点击观看你的直播内容。设置头像的时候，一定要展示自己最好看的一面。

如今，手机拍照功能越来越强大，再加上各种修图软件层出不穷，为自己拍几张好看的照片不是难事。但如果能添加几分艺术色彩，将艺术照当作头像，既简单大方，又美观，是非常不错的选择。另外，如果有机会参加一些明星、名人出席的活动，将与明星、名人拍照留念的照片作为自己的头像，能够提升自己的逼格和名气，达到包装自我的效果。

③账号背景图片。账号背景图要以突出直播内容为主。同时，要与主播头像形成色彩对比，这样容易产生视觉冲击，让直播用户更好地记住主播和直播内容。

（2）账号维护

当你跨入直播电商的大门，就意味着你已经下决心在这个领域大展拳脚，所以就要做好打持久战的准备。进行账号维护，是其中的一个重要战略。

如果你没有什么好点子，借鉴是最好的方法。做直播账号，需要取百家之经，博众彩之长。要经常去别人的直播间、主播个人主页走走看看，尤其是那些知名带货“网红”、明星，他们有强大的运营团队，在打造直播账号和账号维护方面更具专业性。

做账号维护，可以参考以下几个方面：

①丰富直播内容。作为直播带货新人，刚开始做直播，没有多少经验傍身，所以在内容的丰富性方面，还比较欠缺。可以向别人学习和借鉴，

其目的就在于不断进行自我提升。参考优秀同行做直播带货，并不意味着搬运，而是拓宽自己的思维和视野，掌握直播内容原创的方法。任何时候，技术一学就会，但思维和视野，并不是谁都与生俱来的，需要后天长期学习才能有所参透、有所提升。

②持续开播，持续优化。直播带货，并不是只开播一次，就能带来很好的带货效果。所以，要持续开播，要持续优化直播内容，才能持续吸引流量。如果不持续开播，不持续优化，掉粉的速度比涨粉还快。

③做好数据记录。每开播一次，都要做好数据记录，包括涨粉数量、掉粉数量、点赞量、评论量、转发量、销量等，明确这些数据，可以帮助你更好地分析直播内容、带货方法，以便你调整直播内容、改变带货策略等，从而达到科学、持续吸引精准粉丝的目的。

6.1.2 高逼格直播间提升直播品味

一个优秀的带货主播，不但有与众不同的带货风格，还有与众不同的直播间布置和硬件配置。高逼格的直播间环境，能吸引更多粉丝关注主播，为主播带货加分不少。

如何布置高逼格的直播间呢？

（1）装饰大方

直播间环境主要是为直播带货服务的，在布置直播间的时候，整体装饰要简洁大方，切勿过于花哨、堆放太多的杂物，使原本不大的直播间显得更加拥挤，让人视觉上产生压迫感和紧张感。

（2）光线适度

很多时候，主播会选择室内直播。室内直播有一个弊端，就是光线效果不佳。所以，在主播上方需要配置一盏顶灯；在主播左右两边需要各配置一盏补光灯，且一盏为暖色调灯，一盏为冷色调灯。切勿都使用冷色调灯光，否则整个画面会给人一种忧郁感。另外，觉得过于单调，可以放置一串小灯，但不要太闪太亮，避免分散观众的注意力。

（3）背景布置与直播内容相匹配

背景布置应当与直播主题内容相匹配。如果你售卖的是一些古风元素的物件，如古筝、古琴、扇子、屏风等，可以为直播间设置成古风古韵背景；如果你销售的是服装，那么直播间背景可以放一两个衣架作装饰品，但要做到整齐，衣架上的衣服不能乱七八糟。

直播间也是需要精心包装的，但应该以简约、温和为主。只要你花心思装扮一下，就能打造出属于你独特品味的直播间。

6.1.3　构建运营团队，选对人做对的事

一场精彩的带货直播，看似一个人在屏幕前工作，实际上背后还有很多人同时在忙碌着。只有团队成员协调合作，才能演绎完美的直播带货效果。所以，一个高效的直播团队就显得十分重要。

直播间的基本人员配置包括以下几个部分：

（1）运营人员

运营人员主要负责整场直播内容的策划工作，如图 6–1 所示。

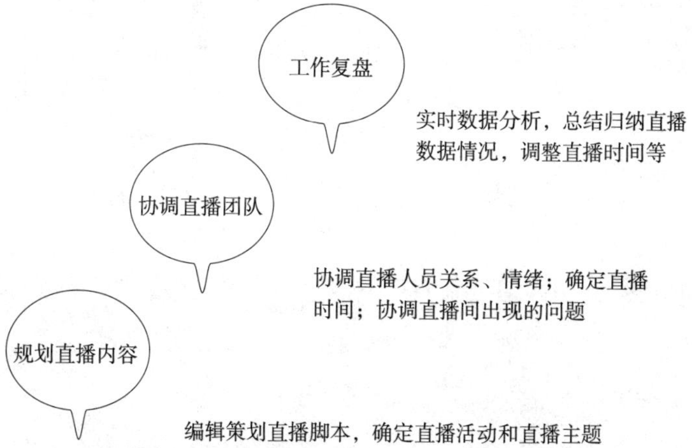

图6–1　直播运营人员的工作内容

工作复盘：运营人员要在每场直播带货结束后，根据实际消费数据，对前期制定的方案和目标进行详细数据复盘，不论直播带货效果是好是坏，都要做出一个合理的总结，并对以后直播带货的内容和方式给出合理的建议。

协调直播团队：运营人员除了做直播内容规划工作外，还需要承担协调直播团队和其他部门工作的责任。包括协调直播人员关系、情绪；确定直播时间；解决直播间出现的问题；奖品发放等。

规划直播内容：具体来讲，规划直播内容包含：确定直播活动、直播带货主题、直播脚本。

（2）场控人员

场控人员，顾名思义，就是做好现场把控。主要包括：

①直播前软硬件调试。这里的软硬件包括灯光、摄像头、背景音乐、音频等的调试。

②直播期间做后台操作。在直播完毕后，需要做直播推送、公告、上架商品、修改价格、录制商品讲解等。同时，还需要做实时在线人数峰值、商品点击率等相关数据监测工作。另外，场控人员还要及时将直播运营人员的指令传达给主播和助理，如活动通知、直播福利等，让主播将这些消息告诉消费者。

（3）主播

很多人认为，主播主要负责的仅仅是台前工作。认为主播其实像是一个桥梁一样，将产品和消费者穿针引线联系起来，一方面为品牌商销售产品，另一方面为消费者满足需求。但主播的职责并不仅限于此。主播的工作也分为三个板块，如图 6–2 所示。

①前期准备。在每次做直播带货前，主播都需要事先熟悉脚本内容，对商品信息有清晰的了解，明确直播间福利等。

②中期互动。在直播过程中，主播主要负责活跃直播间氛围，回答用户提问，时时关注粉丝活跃度。

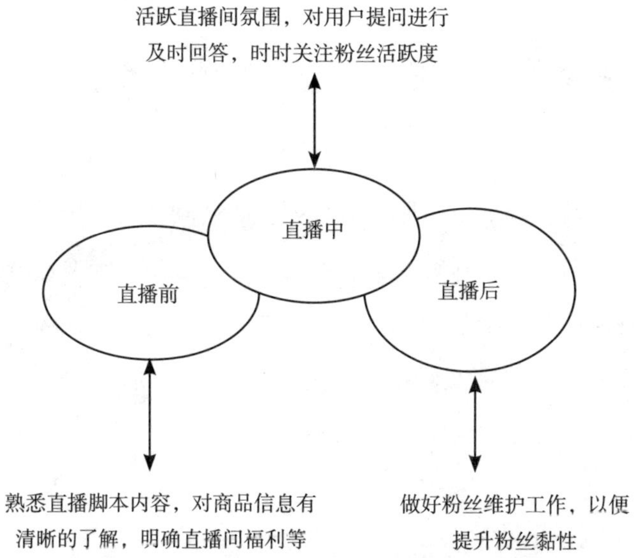

图6-2　主播工作的三个板块

③后期维护。在直播带货结束后，主播还需要做好粉丝维护工作，以便提升粉丝黏性，如在粉丝群中定期发放一些优惠券、小礼品、红包等形式的专项福利。

（4）助理

助理的岗位其实是偏向辅助性的。助理的工作主要是确认货品、样品以及道具等是否就位。同时还要帮助主播做一些力所能及的事情，比如在直播间观看人数较多时，主播可能会忙不过来，此时助理就需要与消费者进行互动答疑；当直播间货品杂乱时，助理就负责整理货品等。

选对人，才能做对的事。同样，高效的团队才能带来高效的带货效果。组建运营团队，需要从实际需求出发，根据人员数量和直播情况对团队成员进行合理分配和安排。

6.2 主播培养：优秀带货主播养成计划

一个新手主播，刚进入直播带货行列，既然刚进入直播行业，要想人前显贵，就得人后付出。在直播带货这条路上，要想成为像薇娅、李佳琦这样的带货奇才，收获荣誉和金钱，就要自身不断努力。成为一名优秀的带货主播，没有表面上那么轻松，外表越简单的东西，内在往往越复杂。一名成功的优秀主播，是需要经过不断锤炼的。

6.2.1 专业知识能力

俗话说，“光说不练，假把式”。对于主播而言，要想成为一个真正的优秀主播，就必须培养自己的专业能力，并将自己的专业知识运用于直播带货过程中。

一个优秀的主播须具备以下三个条件：

（1）对某一领域具有极高的兴趣

兴趣是最好的老师。如果你通过直播销售彩妆，就要对化妆感兴趣，才会去挖掘当前市场中最流行的彩妆资讯，给消费者带来最具时尚前沿的妆容，很好地吸引消费者，提升消费者在直播间的停留时间。

（2）拥有丰富的专业领域知识和技能

还以彩妆为例。拥有丰富的专业领域知识和技能，就可以在直播间将彩妆产品进行试装，打造出不同的彩妆色系，产出消费者更感兴趣的内容。同时还可以借助自己的专业知识发起话题讨论，帮助消费者做彩妆现场教学。

（3）能够产出有见地的内容

掌握一定的专业知识，可以表现出主播足够的专业性。在直播间推荐彩妆产品时，有不少消费者会提问，白皙肤色或暗黄肤色适合选暖色系还是冷色系眼影。此时，你可以根据自己所了解的知识做出更具专业的指导，帮助消费者做出最佳的购买选择。

总而言之，不同的行业，对主播有不同的专业度要求。主播可以根据自己的实际情况和所涉及领域对专业度的需求进行自我学习、自我提升。

6.2.2　情绪把控能力

据相关数据统计，那些表现优异的主播，97%以上具有非常高的情商；表现不佳的主播，有85%的情商都明显不高。

显然，一个优秀主播的必备条件就是要有高情商。什么样的人才能算作高情商？凡是那些高情商的人，都能很好地做好自我情绪把控。因为，如果管控不好自己的情绪，那么你的一个眼神、一个语气、一个动作，都能输出负能量信息，给人留下不好的印象。俗话说："民以食为天。"那么对于主播而言，粉丝就是自己的"天"。如果你情绪失控，一条道走到黑，最后必定是"连神仙都救不了"你。

但令人乐观的是，情商不同于智商，智商往往具有稳定性，但对于大多数人来讲，情商是可以通过后期学习来提升的。

（1）掌控自己的情绪

在直播间带货，面对形形色色的用户，他们往往认知水平不同、观点不同，甚至有的人在语言表达方式上比较粗暴。所以，当你在做直播的时候，他们的语言和观点往往会给你造成负面情绪。此时，你虽然内心中是非常不愉快的，但因为你面对的是众多观众，不能将自己的负面情绪传递给观众，也不能因为自己的不开心而影响观众的心情。

在直播的时候，如果与观众或粉丝发生不愉快，在你的情绪爆发之前，一定要快速做深呼吸，然后从 1 数到 10。当你数到 10 的时候，你火爆的情绪就因为注意力的转移而逐渐淡化，此时你就会变得冷静许多，也能找到一个更好的语言表达方式或者解决方法。所以，你要尽量克制自己的情绪，或者不表露出来。只要刻意练习，经历得多了，就会产生明显的成效。

（2）冷静对待压力

压力无处不在，但很多人在压力积聚到一定程度时，就会爆发，以此让自己的情绪得到缓解。但作为一名优秀的主播，在压力之下，最重要的就是要培养自己冷静对待压力的能力。

有时候，工作氛围、工作效率会让自己产生巨大的压力和焦虑，甚至有时会让人失控。此时，要找一个人少的环境，让自己冷静。或者放一段舒缓的音乐，放空自己的大脑。这样心情很快就能得到缓解，很快就能重拾自信。

（3）洞察各种暗示

优秀的主播，除了能把控好自己的情绪外，还要能从粉丝和用户的情绪、行为中洞察到他们的想法。

例如，有时候，你做直播讲解产品，在讲了几分钟之后，你发现并没有人提问和与你互动。有的主播会因此而自卑，丧失直播的热情。这样只会让直播间用户对你更加冷漠。相反，你要客观思考用户行为，可能是他们暂时忽略了你，可能是他们太忙了，或许他们暂时不知道自己有什么问题。不要任何时候都等着粉丝或用户先开口。无论何时，你都要笑脸相迎，主动开口询问粉丝有什么需求和问题，引导他们说出自己的需求和问题。这样的人，能控制好自己的情绪，是真正具备高情商的人。

主播最主要的工作就是和粉丝、用户通过沟通来培养感情。培养一名优秀的主播，先要从提升情商开始，做好情绪管理，才是你与粉丝、用户真正打交道的开始。

6.2.3 优秀话术能力

与粉丝和用户沟通，除了有高情商，具有情绪把控能力外，还需要会表达，具有优秀的话术能力。对于新手主播来讲，聚人气、锁流量、变现力，都是难点。解决新手直播带货难点，设计话术套路是关键。恰当的话术套路，能让直播氛围更加活跃，让用户停留时间更长，让销售转化率更高。

掌握以下话术套路，新手主播也能达到理想直播带货效果：

（1）0 ~ 3分钟：聚客

开播两件事：

第一件事：打招呼，欢迎互动，拉近距离。

例如，大家晚上好，欢迎回到直播间。

亲，想我了吗？

第二件事：讲内容，卖关子，引发好奇。

例如，告诉大家一件事，今天直播间要上一款新产品，这款产品已经畅销100年了，受到很多上层名流的欢迎。

（2）3 ~ 5分钟：留客

向直播间用户宣布这场直播的促销福利，包括抽奖送产品、抽奖送红包、限量秒杀、低价折扣等，以此增加用户在直播间的停留时间。

（3）5 ~ 9分钟：介绍

利用提前在直播间布置好的产品使用场景与用户互动，引导他们说出自己在生活中遇到的有关产品使用的痛点问题。

比如，你直播间销售的是护肤产品，自然要引导他们说出自己在使用护肤品时存在的痛点问题，如买的护肤品不适合自己的过敏肤质、长时间使用并没有起到去痘效果等。此时，顺其自然地向用户推荐直播间产品，并口头阐述产品的卖点、使用感受、产品成分、价格对比优势等，让用户感觉，或许这款产品自己用得上。

（4）9 ~ 12分钟：举证

在直播间做现场试用，向观众分享产品试用的效果，以此验证产品功能。并举证当前很多名人、明星都在使用。这样双管齐下，能使得用户对产品开始心动，从“或许用得上”的心理，升级为一种“想拥有同款”的欲望。

（5）12 ~ 15分钟：说服

有的用户即便有购买欲望，但还是会有所考虑，会货比三家。要想让消费者有急切购买的欲望，还需要从功能、价位、成分、促销力度、现场使用效果等，与竞品形成对比。有对比，才能凸显优势，才更有说服力。

（6）15 ~ 20分钟：催单

催单，就是要催促用户快速下单。

①吊足用户胃口。公布价格时，要用话术套路吊足用户胃口，让用户觉得“物超所值”。

例如，市场价599元，我们是厂家直接拿货，平常的销售价格是299元，今天直播间只需要99元，而且还送三件样品，所以今晚一定要购买，这样的机会，错过了就没有了。

②重复强调促销。要多次强调在直播间的折扣政策，前3分钟下单付款的前500名用户，享受购买返现金、随机免单、下单送礼等，催促消费者集中下单。有时候，消费者虽然下单，却还没有做好交易准备，所以他们并没有及时交易，还在观望。为了提升直播间带货的氛围，主播可以和助理配合倒数计时"还剩一分半时间，400单已经成交了"，让用户觉得"别人都在抢购"，基于从众心理和占便宜心理，他们会抓紧时间快速成交。

主播在直播间就是一个"活"剧本，要充分借助自己的话术能力，快速引爆直播间氛围，快速催促用户完成交易，这是一个优秀主播必备的能力。

但是，需要注意的是，在与消费者沟通时，还需要有效运用对话术。

以美妆产品为例。当前美颜滤镜等功能性产品层出不穷，功能一开，美白、美妆效果真假各几分？过于夸大其词，会让消费者信以为真。当真正使用产品时发现货不对板，功能欠佳。这样会影响品牌产品在消费者心目中的形象，也会给主播扣上"欺骗消费者"的帽子，得不偿失。

直播好比是一个放大器，它能让产品信息快速传播，也能让商品的缺陷暴露无遗。所以，不要在与消费者沟通的时候，为了达到提升销量的目的而夸大其词。

6.3 开播技巧：策略用得好，直播效果才好

做直播带货，就像是为产品做一场现场宣传活动。但好的直播效果，是需要好的策略来成就的。掌握开播技巧，才能开启你的直播带货生涯。

6.3.1 固定开播时间

做直播带货的主播，有的选择白天做直播，有的选择晚上做直播；有的每天都在挖流量、带销量，有的却随心而为，直不直播看心情。所以，做直播带货，在直播的时间和频次方面，可以分为两种：一种是固定开播时间的；另一种是不固定开播时间的。

固定开播时间和不固定开播时间的直播带货有哪些呢？

每一种动作，多次重复之后，就会形成一种习惯。固定开播时间，就像是每天在固定时间看电视剧一样，一到了那个时间点，就会坐在电视机旁，等待电视剧播放。哪天如果没有看到主播直播，就感觉自己空落落的，好像生活少了点什么。所以，每个主播的直播间里，总会有一批“定时蹲点”的“常客”。

如果你每天晚上八点开始直播，用户就会在八点准时进入你的直播间。你的直播时间越固定，那么你出现的频率越高，用户记住你的机会就越高。但如果你的开播时间每天都不一样，或者你开播看心情，随机开，那么即便你之前靠一场精彩的直播吸引了不少粉丝，也会因为这种飘忽不定的直播方式而逐渐导致粉丝流失。即便你下一场能够聚集新粉，但新粉

增加量要远低于老粉的流失量。这对于你积累粉丝、提升变现能力，是非常不利的。这也是为什么即使很多头部直播带货“网红”不敢休息，几乎每天都要在固定的时间直播的原因了。

李佳琦，一般在淘宝上直播，直播时间通常是每晚 8:15；

薇娅，一般在淘宝上直播，直播时间通常为晚上 7:00。

那么如何选择开播时间呢？

（1）5:00 ~ 10:00

这个时间段适合做直播带货的人群是新人主播。这个时间段，因为是一天中最早的时间段，虽然直播平台上的用户少，但同时开播的人也相对较少。这就意味着新人主播在这个时间段的竞争也非常小。在这个时间段进入直播间的人数，可以让新人主播享受到中小型主播的在线带货的感觉。如果能牢牢抓住这个时间段的用户，也是非常不错的。

（2）13:00 ~ 17:00

这个时间段适合中小型主播。每天下午，这个时间段内进入直播间的人数相比早上会有所增多。但重点是，这个时间段内，那些头部主播还没有上线，不会抢走直播平台用户。在这个时间段做直播带货，同样能获得较多的流量和销量。

（3）19:00 ~ 24:00

这个时间段，直播平台上高手云集。大主播们都在这个时间段出没，直播间用户也纷纷上线，打发自己的闲暇时间。所以，头部主播分食流量冲劲和干劲十分强烈，同时也因此换来了超乎想象的销售额。

主播可以根据自己的实际情况选择最佳的直播带货时间。但无论选择哪个时间段，最好固定自己的直播时间，以便让用户下次更好地找到你。

6.3.2 重视开播预告

对于新手主播来讲，做直播带货，能否达到预期带货效果，是最让人发愁的问题。要想做好直播带货，还要重视开播预告。做直播带货，与做产品宣传一样，要先预热，才能达到理想的引流和售卖效果。

（1）直播带货预告渠道

①线上预热。线上预热是一种最节约成本的预热渠道，包含以下几种方式：

社交平台：如微信公众号、微信朋友圈、QQ 群、QQ 空间、微博等。

搜索渠道：如百度关键词、百度网盟等。

广告平台：导航广告，如 360 导航、搜狗导航、UC 导航等；广告平台，如今日头条、腾讯网、新浪网、网易等。

短视频平台：短视频平台，如快手、抖音短视频预告，或者是在快手、抖音、淘宝直播间预告下场直播内容等。

②线下预热。线下预热与线上预热形成互补关系，能够有效提升覆盖人群的广度。但缺点是，与广告方合作需要耗费较高的成本。线下预热包含以下几种方式：

报纸广告：报纸广告给人一种权威感，在报纸上做直播预热，最大的优点在于能有效提升直播带货的专业性和高级感。

杂志广告：以杂志广告的方式进行直播预告，在一定程度上可以起到精准预告的目的。如果你直播间销售的是科技、数码类产品，就要寻找与科技、数码类有关的杂志做预告投放。

户外广告：户外广告，包括公交站、火车站、地铁站、公交车身等。以户外广告的形式进行预热，曝光度极强。

（2）直播带货预热方式

①文案预热。直播文案预热是常用的预热方法。有吸引力的文案，能让用户看到第一眼，就对你的直播产生兴趣，充满期待，从而准时准点走进你的直播间。文案预热，线上线下皆可使用。文案预热分为两种：

海报文案预热：海报文案预热，顾名思义，就是以海报＋文案的形式为直播带货进行预热。直播文案预热做得比较经典的，要属罗永浩的抖音直播预热。

罗永浩的直播海报文案预热，用一个情感触点——为了交个朋友，直接点题。这样的文案拉近了与观众之间的距离，能给人一种亲切感。另外，为了降低广告给人的硬性植入感，还用了“基本上”“也许是”这样的字眼，十分巧妙地将原本高不可攀的高级感转向更接地气的非高级感，使得海报预热文案易于观众接受。

海报倒计时文案预热：海报倒计时文案预热的方法，就是提醒观众，自己的直播时间还剩余多少天。这种形式的预热，重点在于能够通过数字的运用起到提醒效果。

例如：

有一种日理万机的爱，叫每天都在直播间不见不散。

618 新品女包重磅上新，

还剩 7 天，

约会，就现在！

②短视频预热。短视频预热，是拍摄预热短视频，然后发布在平台上，达到预热目的。所以，短视频预热适用于线上预热。这里还以罗永浩

为例。

罗永浩在2020年3月26日发布了第一条抖音短视频，其内容就是为自己在抖音上做直播带货进行预热。短视频内容是这样的：大家好，我是罗永浩。4月1日晚8点，我会在抖音开始我的直播卖货生涯，我们为第一次的直播准备了很多便宜、新奇的好东西。现在就点击关注我，会给你发提醒，免得漏掉好东西。接下来能不能成为卖货一哥，就看咱们有多努力了。

这个短视频预热，简单做自我介绍，并且直奔主题，同时还用“好东西”设置了悬念，激发用户的好奇心。

（3）直播带货预热技巧

①文案预热技巧。文案预热，首先需要文案有吸引力，要产生第一眼效应，让人看一眼就对直播产生浓厚的兴趣。这种预热方式，要注意：海报版式美观；配图清晰、有格调；文案有吸引点、有情感触点。

②短视频预热技巧。

其一，开播前1～3小时发视频。对于内容平台来讲，如抖音、快手，直播间的流量主要还是来源于视频推荐。所以，视频和直播要结合在一起，才能为直播间带来更高的人气。

在直播前1～3小时发短视频，通过短视频内容预告直播开播时间。这样能够将那些对视频内容感兴趣的用户和粉丝直接迁入直播间，成为直播间流量。

快手平台上有一家做大码女装的账号，每天会在下午5点前后发布有关大码女装搭配的短视频，并在短视频的文案中明确写着“每晚8点直播，不见不散”。

抖音、快手这样的短视频平台适合在开播前1～3小时发视频进行推广。对于淘宝直播来讲，通常在主播主页会有开播提醒，不但可以预告下次开播时间，还可以预告下次开播内容。

其二，直播前半小时做短视频推广。在直播前半小时做短视频推广，可以通过短视频有效吸引人气，这也是直播间获得人气的关键环节。不同的平台，短视频推广方式有所不同。

这里以抖音为例。抖音在短视频页面有个分享图标，点击进入后，最下方有一个“DOU+”图标。“DOU+”是抖音平台内的官方推荐方式。在抖音上做直播带货前半小时，投一波“DOU+”，不但可以把视频推荐给更多潜在的兴趣用户，还能为直播间带来更多的人气。

在抖音上将作品投“DOU+”，通常的做法是：在视频发布之后，如果看到视频在完播率、点赞量、评论量等方面有成为爆款的苗头，那么在视频发布1～2小时之后，就可以用“DOU+”来助推一把。这样做，可以让你的短视频成为爆款的概率更大。

但并不是在投放之后就可以听之任之，放任自流了。而是需要及时对数据进行整理和分析，并做出相应的调整和优化。抖音的“DOU+”推广方式分为两种，一种是速推版；另一种是定向版。速推版，就是进行快速推广，推广范围较为广泛；定向版，就是选择指定人群进行推广，还可以手动选择投放时长。两种投放方式的最低投放金额为100元，最低获得官方5000+人的推荐量。所以，在初次投放的时候最好选择最低投放金额，然后根据投放效果追加投放金额，以获得最佳投放效果，为直播间带来更多的人气，如图6–3所示。

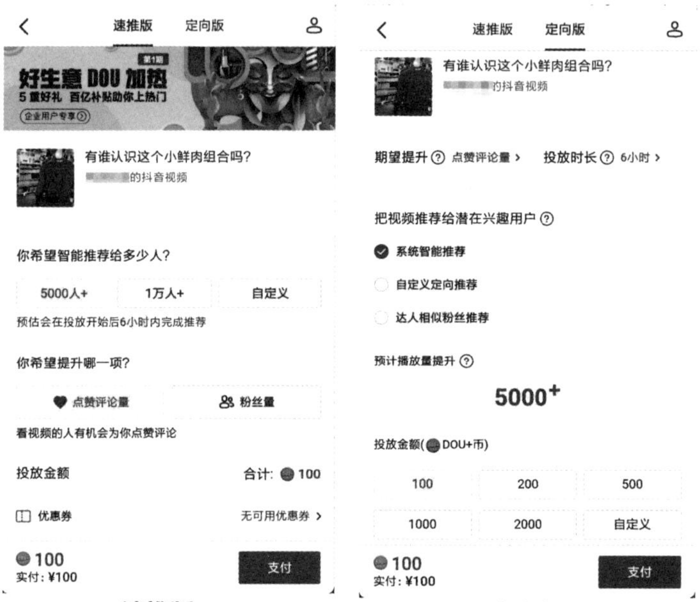

速推版　　　　**定向版**

图6-3　抖音“DOU+”作品投放的两种方式

做直播预热的目的，就在于提升直播间人气。所以，要多在直播预热上下功夫，才能提升直播用户的关注度。

6.3.3　设计开播脚本

做直播带货，无论你销售的是什么产品，成功引流、变现是最终目的。而能否成功实现引流和变现，关键在于直播前脚本的设计。

（1）脚本的作用

设计脚本的目的主要有三个：

①明确直播流程。做直播带货，很多人不事先做好功课，在不了解产品、没有确定好直播活动的情况下，就直接拿来店铺产品开始做直播。这种情况下做直播，主播会频频表现出尴尬，如错误介绍产品功能、直播间用户提问不知如何回答等。设计开播脚本，可以明确直播流程，使得主播在直播带货过程中能够更加有序进行。

②规范主播话术。有了脚本的指导，主播介绍每一款产品、说每一句话都有了相应的提示，使得主播知道什么时间该介绍什么产品，什么时间该放送福利。

③便于总结。不论当场直播的效果如何，对于整个直播带货团队而言，总结是一项非常重要的工作。有脚本作为依据，运营人员能够根据总结数据及时调整带货节奏和货品，以提升直播带货效果。

（2）脚本设计要点

①一周上新脚本。建议以一个星期为单位做直播脚本，如表 6–1 所示。因为这样做有四个方面的好处：便于做好时间切割，能有效减少运营人员的工作量，提升直播的工作衔接，便于阶段性总结。

表6–1　一周上新脚本

××旗舰店直播间						
项目	节奏把控	产品上新	基础介绍	卖点介绍	引导转化	总结
星期一	8:00	连衣裙	材质、风格、版式	流行元素、显瘦	明星款	
	8:20	短袖	材质、风格、版式	款式新颖、独特	当下流行	
	8:40	牛仔裤	材质、风格、版式	全网最低价	热卖款	
星期二						
星期……						
星期日						

②周期性活动脚本。所谓周期性活动，就是在每天每个时间点做折扣、满减活动，或者发放福利，如表 6–2 所示。这样能够有效延长消费者

在直播间的停留时间，同时能激起他们的疯狂购买欲望。

表6-2 周期性活动脚本

××旗舰店直播间				
项目	节奏把控	基础活动	活动说明	总结
星期一	8:00	满199减30	全场或指定产品	
	9:00	抽奖	赠送小礼品	
	10:00	送折扣券	特定商品	
星期二				
星期……				
星期日				

（3）脚本写作技巧

①单品脚本。设计单品脚本，同样可以以表格的形式写下来，这样便于更加直观、清晰地找到对应的点。应当包含品牌介绍、卖点强调、引导转化、直播间注意点等。具体参考表6-1。

②整场脚本。整场脚本是对整场直播编写的脚本。在直播带货过程中，最重要的就是对直播套路进行详细规划。重点逻辑和活动、直播节奏把控等需要编写在内。具体参考表6-2。

一份优秀的直播脚本，是直播间运行顺畅的必要条件，为主播在直播过程中指明具体操作步骤和方向，能够向观众更好地呈现产品，能够实现产品的快速转化。

第 7 章
粉丝运营：粉丝才是直播电商变现的基础

在当前“流量为王”的时代，谁坐拥大规模粉丝，谁就有更强的变现能力。做直播电商，粉丝是直播电商变现的基础。只有做好粉丝运营工作，有强大的粉丝作为后盾，才能赚得盆满钵满。

7.1 聚粉模式：高效聚粉才能提升销量

任何时候，做生意需要有客户，无人问津的买卖难以为继。直播电商时代，如何高效聚粉，成为一个亟待解决的问题，这也是很多主播所关心的热点话题。

直播电商的聚粉模式分为三种：宠粉丝模式、KOL 背书模式、“老带新”模式。

7.1.1 宠粉丝：福利增加粉丝黏性，引发分享

很多主播会问这样一个问题：究竟是流量重要，还是粉丝重要？回答问题之前，首先要明白流量和粉丝的关系和区别。

流量，即进入你直播间的用户量；粉丝，即关注你直播间的用户。

显然，粉丝是流量沉淀而来的。要想收获粉丝，最重要的就是大规模引入流量。但与此同时，还要做好粉丝运营工作，给粉丝带来实实在在的好处，才能增加粉丝黏性，让粉丝与你建立起更强的连接，还能让粉丝感觉到你的诚意，激发他们自主分享直播间的意愿，无形之中为你做了很好的宣传，为你带来更多的流量。那么如何能让粉丝死心塌地地追随你，并把宣传引流当作自己的事情来做？答案就是给粉丝更多的宠爱。宠爱粉丝，可以从以下三个方面入手：

（1）发放惊喜福利

这里的惊喜福利，就是让粉丝意想不到福利。通常，惊喜福利可以是

礼品、红包，甚至是免单福利，是对粉丝最好的宠爱。

（2）给粉丝真正的实惠

粉丝也是普通人，他们也有贪便宜的心理。所以，如果你给粉丝真正的实惠，也是对他们的一种宠爱。给粉丝真正的实惠，可以是 1 元抢购、9 块 9 秒杀、抽奖折扣、发放优惠券等。这些福利，粉丝只需要花很少的钱，就能将自己喜欢的东西买回家，享受了真正的实惠。

2020 年 5 月 21 日，薇娅在淘宝直播，将这一天作为感恩节。在直播活动中，价值 5000 元的冰箱，直播间秒杀价 5.21 元；价值 275 元的兰芝雪纱气垫隔离霜，直播间秒杀价 5.21 元；价值 400 元的金条，直播间秒杀价 5.21 元……当天，直播间所有的产品，都以 5.21 元的秒杀价出售。这样的实惠，使直播间氛围一浪高过一浪。整场直播下来，进入薇娅直播间观看的人数达到了 11220.99 万。

（3）与粉丝近距离接触

对于绝大多数粉丝来讲，能够与偶像进行近距离互动是一种莫大的“福利”。所以，做直播带货，可以通过线下举办见面会的方式，与粉丝近距离接触。这样做，对于主播来讲，能够吸引更多粉丝的关注并前来现场围观。同时，在现场与粉丝互动，比在线上镜头前交流互动更有亲切感。

7.1.2 KOL 背书：“种草”消费人群，提升销售转化

近年来，“种草”成为电商领域的一个热门词，也成为时下在年轻人中间的流行语之一。

所谓“种草”，就对某个产品进行宣传，突出其优异的品质和诱人的功能，以此吸引用户，并在用户心中种下一颗冲动购买的种子。

而KOL，在某一领域掌握了最丰富的知识，拥有更多、更准确的产品信息，最具专业性和话语权，对该领域产品的目标消费群体有较强的影响力。KOL说出的相关产品见解，都能获得人们的信任。所以，一件产品有了KOL的信任作为背书，更具吸粉能力。

做直播带货，如果有了KOL作为信任背书，就可以达到快速“种草”、快速拓客的目的。如何通过KOL为商品“种草”实现拓客、增加流量呢?

（1）选择适合“种草”的产品

通常，适合通过预热“种草”的商品，表现为三个特点：

①有卖点；

②自带引爆点；

③有颜值和格调。

这样的产品非常适合通过预热的方式为消费者“种草”。当然，适合“种草”的商品，不仅是快消品的专利，那些客单价高且有科技加持的产品，也非常适合“种草”。

（2）做好“种草”前的准备

“种草”挖掘前，是要做好一定的准备工作的，具体如下：

①挖掘产品利益和消费者利益关系，找到用户痛点与痒点。

例如，每天吃火锅的人整天嚷嚷着要减肥。这里减肥与每天吃火锅的爱好者之间就形成了痛点。而“种草”的产品针对的就是那些既想吃，又怕胖的人。

②将产品功能利益点转化为KOL的谈资。简单来讲，就是借KOL之口，说出产品优势。对于很多品牌商而言，他们会强调产品中含有的稀有成分、产品的权威认证。但对于KOL来讲，他们会将稀有成分和权威认证转化为让用户更加通俗易懂的语言：经过验证的抗衰老成分。

（3）“种草”拓客套路

在做好充分准备之后，就可以通过预热的方式“种草”了。在KOL“种草”过程中通常采取以下“种草”套路：

①借趋势“种草”。借趋势“种草”，可以根据当前某领域产品的流行趋势，作为种子进行“种草”。

例如，当年在护肤品领域，发展最好的品牌，是借助护肤成分而纵身一跃，走在了护肤品领域的最前列。当时，宝洁炒火了烟酰胺，而欧莱雅也因为烟酰胺而获救，顺便成就了西班牙安瓶等一系列融入成分属性的品牌。因此，当一个领域出现新趋势时，品牌们必然会争先恐后向这个趋势靠拢，以便更快、更好地占领市场。这就是借趋势“种草”的方法。

②搞事情“种草”。所谓搞事情“种草”，就是设置一个话题，并借助KOL的力量在直播间将话题引发，搞起事情，然后通过话题引发讨论，顺其自然地引出产品，以达到“种草”引流的目的。

（4）把握种草时机

“种草”节奏的把控也是一个不容忽视的要点。“种草”也要讲究时机的把控。并不是任何时候“种草”都能收获超乎想象的流量。通常，会受到网络热点或节庆的影响，导致引流效果的明显。

（5）掌握种草原则

①真实。所谓真实原则，就是 KOL 在直播间“种草”的时候，一定要说出自己的真实感受，这样才能打动受众。

②商品链接。为商品“种草”，目的自然是实现引流和变现，所以要想“种草”覆盖用户范围更加宽广，就需要在直播或电商平台上做好站内站外的商品链接，以达到遍地“种草”的效果，避免错过最佳的“拔草”（即流量转化为购买）时机。

7.1.3 “老带新”：客户裂变实现流量爆棚

每个人都是社会中的一分子，每个人也都有属于自己的生活圈子。而每位老客户背后都存在着大量的新客户。每一位老客户都能对自己的圈子产生一定的影响。如果你能充分重视老客户的影响力，并将其充分利用起来，就可以使老客户成为你开拓新客户的资源。

“老带新”这件事，符合二八定律，即 20% 的老客户可以带来 80% 的新增流量。老带新，需要推荐者与被推荐者获取同样的优惠，这样将推荐者和被推荐者拉到了平等的阶级上来，能很好地抵消推荐者的心理负担，同时也能让被推荐者看到实实在在的好处，提升其成为新客户、新流量的积极性。这是“老带新”实现流量裂变的逻辑。

那么如何通过老带新实现客户裂变呢？

（1）优惠刺激老带新

购物享受特殊优惠，这样的事情很少会有人拒绝。所以，借助绝大多数人的这种心理，可以通过给予老客户优惠的方式，刺激他们为直播间引来新客户。

具体的方法是，只要老客户分享直播间，有新客户进入直播间并发生购买行为，老客户就可以获得相应的代金券，用于购买直播间购物车内的商品。与此同时，新客户也能获得与老客户相同的代金券，用于抵销直播间销售商品的一部分价格。

（2）拼团实现老带新

拼团是最常见和常用的老带新模式。虽然拼团已经不是什么新鲜玩法了，拼多多已经是走在拼团老带新路上的大哥。但拼团老带新在直播带货中，同样能起到很好的流量裂变效果。

具体玩法是：

第一种方式是直播间用户直接参与已经发起的拼单。

第二种方式是直播间一位老客户开团，以团购价格购买某件商品，并由这位老客户将组团信息分享出去，吸引更多的人加入直播间的拼团活动，最终老客户和新客户都可以以团购价购得商品。显然，第二种拼团方式可以实现老带新。

拼团实现老带新，最典型的就是拼多多平台上，商户在直播间发起的拼单购买活动。

除了拼多多之外，发生在2020年最具影响力的一场直播拼单活动，就是以“谢谢你为湖北拼单”的湖北公益卖货活动。这一直播拼单带货活动一共举办了两场。

第一场是央视“名嘴”朱广权和“网红”主播李佳琦隔空“云直播”。整场直播仅短短2小时，累计观看人数就达到了1.22亿。

第二场是央视主播欧阳夏丹与艺人王祖蓝、郑爽、蔡明，以及网络主播娃娃共同开启。整场直播仅2小时，就引来了1.27亿人前来围观。

拓客引流，并不是一件容易的事情。让老客户帮你分享和推销，让你得到更多的生意，那么你就成功在即。

7.2 粉丝运营：吸牢粉丝，持续留存促复购

对于主播来讲，前期吸粉非常重要。

进入直播间围观的用户，并不是每个人都主动关注你，成为你的粉丝。所以，粉丝之外的观众，只是你吸引进来的流量，换句话说是“路人”。“路人”于主播而言，这是萍水相逢、不小心进入，并不会对主播建立深厚的感情，并不会拥护主播，支持主播的工作，更不会为主播转介绍更多的粉丝，为主播带来更多的销量。所以，实现“路转粉”对于主播来讲至关重要。

身后有强大的粉丝作后盾，不但做直播带货能够更加激情满满，收获更加持续、可观的变现成果，还能有效提升复购率。可以说，吸牢粉丝，就可以为你的直播带货插上高效变现的翅膀。

7.2.1 构建粉丝社群，做好深度运营

无论你在内容平台还是在电商平台做直播，都不能将自己“吊死”在平台上。单纯依靠平台用户点关注实现“路转粉”，吸粉效果有限。更重要的是，在平台直播间获得的粉丝，不经过精心运营，是难以获得“死忠粉”的。

产品是有生命周期的。同样，粉丝也是有生命周期的。粉丝的生命周期，分为四个阶段，分别是导入期、成长期、成熟期、衰退期。要想在这四个阶段尽可能减少粉丝流失，就需要做好粉丝运营工作。将粉丝引入社群，以通过运营社群的方式，达到运营粉丝的目的。

什么是社群？社群是有共同兴趣、爱好和目标的人聚集在一起，社群成员之间彼此自愿推荐和分享自己心仪的东西，他们中间有一个中心化领袖，在领袖的带领和主导下，形成了一个精神和利益共同体。

那么如何通过运营社群的方式，达到运营粉丝的目的呢？

（1）导入期：引导粉丝加入社群阶段

很多主播都会有这样的经历：很多进入直播间的用户，虽然为了红包而点了关注，当时成了你的粉丝，但没过多久却又主动取消关注，从此成为路人不相识。

主播吸粉失败的原因，就是只靠红包“交易”，用红包暂时买了个粉丝，却没有对已经点了关注的粉丝加以运营。

正确的做法应该是，将直播间流量进行迁移。可以以利诱的方式告知用户，进入群的成员可以享受不定时红包福利。这样，直接引导直播间用户迁移到你的微信群、QQ 群中。当然，红包福利只是吸引流量转变为社群成员的一种手段。将粉丝导入借助微信、QQ 渠道建好的社群后，要想使粉丝更具凝聚力，通常需要专门对社群进行维护和管理，以保证后期整个社群中的粉丝成员能够不断沉淀，实现正向、持续发展。

（2）成长期：提升粉丝活跃度阶段

在上一阶段完成引流工作，进入社群的成员绝大多数会持观望态度，很少活跃成员会主动交流。

一个社群的成长是否积极向上，最重要的衡量标准就是社群成员的活跃度。社群中组织话题交流、发起问题求助的人越多，社群的活跃度就越高。提升社群粉丝的活跃度，关键就是要给粉丝创造出源源不断的价值。为什么有的社群建立后，变得越来越寂静，就是成员没有感受到社群能够给自己带来的价值。同时，还要发起与成员生活息息相关的趣味话题讨论，这样也能够很好地激起他们参与讨论的热情，有效提升粉丝活跃度。

（3）成熟期：留住粉丝阶段

在成熟期，粉丝对于社群已经失去了新鲜感，留住粉丝阶段是比较难熬的阶段，需要花很多时间去经营。将粉丝吸引到社群中之后，接下来的重点工作就是保证社群成员在成熟期还依然能够留下来。留住粉丝的目的，就是让粉丝持续关注你的社群，愿意持续留在社群。那么如何留住粉丝呢?

①输出高价值内容。做直播带货，借助高价值内容吸引流量。做粉丝运营，同样需要借助高价值内容留住粉丝。什么样的内容是高价值内容呢?实际上，高价值内容是针对粉丝而言的，要清楚粉丝的需求是什么，他们想要更多地了解哪些方面的内容。根据粉丝需求，打造粉丝感兴趣的内容，这是留住粉丝的关键。

②及时跟进反馈粉丝问题。带动粉丝成长，不但要有高质量内容输出，还需要及时跟进粉丝问题，并对他们的问题给予及时回答，或及时给出建议，就易于增加社群成员对你的依赖程度和信赖程度。相反，如果粉丝加入社群之后，没人理，也没人问，提问也没人回答，那么粉丝势必对这个社群失望。久而久之，社群也就在一片萧条中“凉凉”了。

（4）衰退期：“去糟粕留精华”阶段

衰退期，粉丝对于社群已经失去了新鲜感，而且有的粉丝将社群当作了垃圾信息堆放站，使得社交群日益冷清，甚至只有偶尔的链接分享。这样，那些原本活跃的价值用户也因此而无奈地选择了离开。他们的离开，将不再为你的直播间带来流量裂变，也不再为你带来产品复购，对你来说是一种损失。所以，要想减少这样的损失，就要想办法“去糟粕留精华”，保证社群能够持续健康发展。

保证粉丝健康度，对粉丝进行分析和筛选，是最有效的手段。通常，社群成员有以下三种类型：

①价值用户，包含了有效用户、活跃用户、核心用户。

②垃圾用户，即对社群没有任何价值的用户。

③潜水用户，即在社群中经常暗中观察，却从不发言的人。

社群发展健康与否，与社群成员数量无关，而是以有效用户、目标用户作为衡量标准。如果一个社群中成员数量很多，但都是垃圾用户和潜水用户，那么这个社群就是不健康的，没有存在意义和价值。所以，要对社群成员进行分析和筛选，剔除那些“垃圾”用户和长期潜水用户。

一个成熟的粉丝社群，呈现出一种倒金字塔结构，如下图所示。

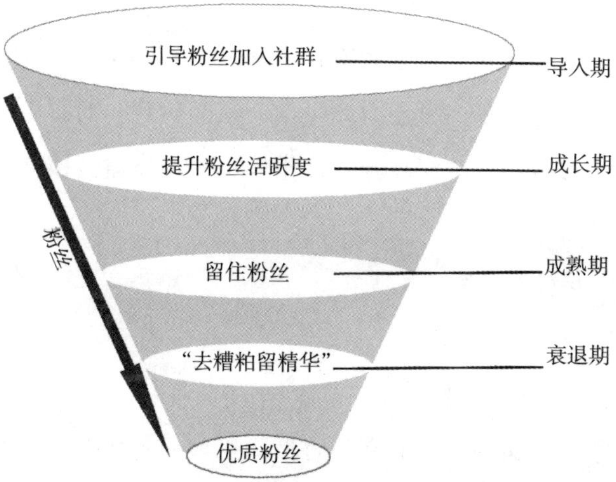

图 粉丝社群的倒金字塔结构

越接近金字塔塔顶的粉丝，越是能为你做直播带货创造价值的粉丝，他们是社群中最核心的粉丝，中部是活跃粉丝，最下部是普通粉丝。所以，要想提升直播间销量，就需要做好深度粉丝社群运营。

7.2.2 高频互动，保持粉丝持久黏性

直播带货，关注直播间的用户进进出出，粉丝没有沉淀，没有存量，这样的直播带货往往难以为继。要想创造丰厚的利润，与粉丝互动是必不可少的。

你在直播间只为了追求产品销量而忙于产品介绍，却忽略了直播间用户的感受，到最后用户看一场直播，只认识了你的产品，却从未与你靠近，从未感受到你的亲和力。即便用户在直播间产生了购买行为，也是一种即买即离开的状态。而你除了销售了几件商品之外，没有“收割”任何粉丝，进入你直播间的用户并不会为你带来持续的价值。所以，无论你在直播间销售什么，是畅销品还是非畅销品，开一场直播，互动是必备环节。没有互动的直播间，犹如一潭死水一般毫无生命力。互动是一种能够拉近与用户之间关系的桥梁。好的互动方式，以用户为中心，让直播间用户感知到“你中有我，我中有你”。

其实，互动还有助于为主播树立良好的个人形象，帮助主播培养和建立忠实、稳定的粉丝群，增强粉丝黏性，从而达到一对多的口碑传播和无限粉丝增值的目的。所以，高频互动是直播间粉丝持续留存促复购的必备手段。

那么如何与粉丝高频互动呢？

（1）游戏互动

善玩、会玩的人，才是广大玩家中的“老大”。有趣、好玩的游戏，没人不愿意参加。如果主播能带领直播间用户一起玩，目的就是让粉丝更加深刻地记住你，消除粉丝与你之间的距离感，进而转化为你的“死忠粉”，最终心甘情愿地产生购买行为。

很多主播在直播的过程中，非常善于和粉丝一起玩，如幸运大转盘抽奖互动等。幸运转盘设置特等奖（免单）、一等奖（5折）、二等奖（7折）、三等奖（8.5折）、四等奖（9.5折）、“谢谢参与”等。主播首先制定玩法规则，只有粉丝才能参与抽奖互动。设定一个参与互动的暗号，粉丝不断在直播间刷暗号，主播倒数五个数截屏。在截屏中第一位参与者可以享受幸运大转盘抽奖。如果截屏中第一位不是粉丝，就顺延第二位获得参与资格。主播负责转转盘，完成转盘抽奖工作。

这种幸运大转盘抽奖互动的玩法：

首先，通过粉丝才可参与，设定了抽奖门槛，有效提升了粉丝数量。

其次，只有下单的粉丝才能参与抽奖，享受抽奖折扣。这种方法很好地促进了用户下单的积极性。

最后，粉丝刷暗号、幸运大转盘抽奖，可以调动粉丝的互动热情。

这种与主播一起玩的抽奖互动方式，能够让直播间氛围高潮不断、惊喜不断。通过好玩、有利的互动活动增强粉丝黏性。

当然，从特等奖到四等奖，从免单到折扣，应当根据实际成本做好把控。

（2）情感话题互动

有人情味，才能打动人心。情感是实现人与人交流的基础，也是唤起人情味的关键，情感也是拉近主播与粉丝关系的纽带。

如果主播在那里一味地告知直播间用户产品如何如何好，就会给粉丝一种高高在上的感觉。相反，主播如果在直播间投入情感，与粉丝进行情感话题互动，就会让整个直播间变得充满温情。从情感话题互动入手，能够打动粉丝，占领粉丝的情感高地。通过情感上投资，可以引发粉丝情感共鸣，换来粉丝的忠诚度，进而将这种忠诚度转化为提高粉丝黏性。

事实上，与粉丝进行情感互动的入手点，就是让粉丝获得情感上的满足。粉丝虽然与你并没有面对面见过，但是因为与你在直播间互动，形成了朋友关系，最终购买了你的产品，这是满足了人们的社交需求。当然，每个人内心深处都有爱与被爱的需求，所以，很多主播就会围绕这一需求，在直播间做情感互动。能够让自己的情感得到满足、找到归宿，有一种找到了家人的感觉，粉丝自然愿意与你不离不弃。

2020年直播带货，很多主播做湖北助农公益活动。不少主播在带货前，打出这样的情感牌，与粉丝进行情感互动：疫情来临时，全国医疗队积极援鄂。送别援鄂医疗队时，大家都说“谢谢你为湖北拼过命”。今天，希望每个人都能伸出援手买小龙虾、热干面、秭归脐橙、宣恩贡茶……为湖北拼一单，一起为湖北按下重启键。

这样的情感牌一出，粉丝便在直播间留言：“虽然自己没有机会为湖北拼命，但我可以为湖北拼单。”

“拼命”与“拼单”就是主播与粉丝之间进行的最好的情感话题互动。

有情感的互动话题无不震撼着每一个人的内心，自然能够在粉丝心中产生情感共鸣，使粉丝向主播靠拢，并保持持久的黏性。

7.2.3 满足“三感”需求，与粉丝做朋友

一直以来，做直播带货的人都有同感，粉丝流失仿佛是无法摆脱的“诅咒”。很多人认为，只要不断增加新粉数量，就能弥补老粉的流失，就会给直播间带来高销售额。所以他们将大部分精力放在了获取新粉上，却少了对老粉的关怀和维护。最终的结果是，新粉增量不见长，老粉损失却不少。

相比而言，那些更加愿意敞开心扉，将粉丝看作自己朋友，用自己的实际行动感化粉丝的人，却用自己的真诚收获了老粉的芳心，增加了新粉的同时，也减少了老粉的流失。

所以，要想维护好与粉丝之间的关系，关键还是需要将粉丝当作自己的朋友来对待。要想让粉丝留下来，与你做朋友，需要从满足粉丝“三感”需求开始。

（1）存在感

很多时候，人们在微信朋友圈晒美食、晒旅游、晒宠物，晒的内容五

花八门。预习同时，也吸引了众多圈内好友点赞和评论。但无论晒什么，其实他们想要通过“晒”这种方式，通过点赞和评论数量来找自己的存在感。他们认为，点赞量、评论量越多，说明别人越关注自己，而自己就越能获得一种存在感。

存在感可以说是粉丝最强大的刚需。随着互联网、移动互联网的出现，减少了人们之间面对面交流的机会，粉丝的存在感也随之减少。因此，他们更加注重这种感觉上的满足。

如果能够给粉丝足够强的存在感，他们会对你产生好感，甚至成为你忠实的粉丝。可以通过在直播间跟刚进入直播间的粉丝打招呼、问候。

具体话术如：粉丝昵称＋晚上好；粉丝昵称＋好久不见。

具体方法如：在粉丝发表评论、发起话题讨论时，第一时间给予回应。

这些话术和技巧能够通过主播“点名”、答复的方式获得在直播间的存在感。当粉丝的存在感得以满足时，他们会心甘情愿做你的“死忠粉”。

（2）尊重感

每个人都渴望被尊重。主播在进行粉丝运营的时候，要注重给予粉丝足够的尊重。当直播间有个别用户出言不逊，而此时有一位粉丝站出来用正义维护你时，你应当给予其表扬和相应的奖励。

这种方法，一方面是对粉丝正义行为的表扬和奖励，是对粉丝的尊重，使粉丝获得了足够的尊重感；另一方面也能够使粉丝再接再厉发扬他们维护正义的精神。

（3）归属感

一位粉丝之所以愿意成为主播的粉丝，归根结底还是源自情感上的认同。有了情感上的认同，粉丝才能真正感受主播已经将其当作了自己人。

这种归属感会使得粉丝与主播主动成为一体，与主播共荣辱，这足以让粉丝感受到了一股强烈的归属感。

有了这种归属感，粉丝会在日后为主播的产品推广做宣传，会主动为直播间引流，为主播提一些建设性意见等，把主播的带货事业当作自己的事业。与此同时，粉丝对主播的忠诚也将变得更加坚定。

7.2.4　为粉丝着想，谋取利益

做直播带货，很多主播将自己的利益与粉丝的利益看作是对立面，认为做直播就是要从粉丝身上谋利益。其实，这种思想是非常狭隘的。

在商言商，主播不论是在直播平台上为别人卖货还是为自己卖产品，其实本质上都是扮演了商人的角色。如果目光太过短浅，不顾粉丝与自己的长远利益，这种在粉丝身上谋利益的做法，最终只能是竭泽而渔。

这个世界上没有永远的敌人，只有永远的利益。其实，做主播，应当本着一种服务的精神，把粉丝当作自己的朋友，为粉丝谋取实实在在的利益，粉丝看到了你对他们的好，才会死心塌地地追随你。当你能够聚集越来越多的粉丝时，你的生意才会蒸蒸日上。

那么如何为粉丝着想，谋取利益呢？

（1）保护粉丝利益

任何时候，只有将粉丝的利益当作自己的利益，将保护粉丝利益当作保护自己的利益，你才是真正将粉丝当作了你的朋友、家人。作为一名主播，最好的保护粉丝利益的方式，就是不会让粉丝受到一丁点利益损害。

亲测产品，就是一种保护粉丝利益的最好方法。

无论你的日常工作有多忙，也一定要亲自试用直播间销售的产品，并在亲自测试后做好测试感受记录，这样产品是否真正好用，你就可以了然于胸。对于不好的产品直接告知粉丝产品的缺点，并建议粉丝不去购买或者慎重购买，将你认为好的产品在直播间极力推荐。这样，就能够有效保

护粉丝的利益不会受损，不会花钱买了不好的产品，造成经济损失。

淘宝直播平台上，在主播大军中，有一位女装主播，她的直播间销售的产品，都是大码女装类产品。有一次，她在直播间为一款打底裤做介绍，而且当时她自己也穿了这款打底裤。在做完产品介绍之后，她明确告知粉丝："明人不说暗话，我现在穿的就是这款打底裤。质量没的说，但是三分裤可能会对上班族胖女生不太友好，久坐可能会卷边。所以，并不建议买三分打底裤。五分打底裤会更具舒适感。"

此话一出，这位主播立刻在粉丝心中的好感度上升不少。粉丝们纷纷表示：主播真是为我们这些胖女生考虑，从今以后，铁定只粉你了。

这位主播并不是为了卖货而卖货，而是站在粉丝的立场上，像告知自己的闺蜜、朋友一样，表明自己产品试用的真实感受，并给出有价值的建议。粉丝看到主播如此为自己着想，内心中自然是心怀感激、感动不已的。有了这样能够真心为自己着想的朋友，谁还会愿意去找那些不是真心对自己好的人做朋友呢？

（2）为粉丝争取利益

粉丝运营本身就是情感投资，你为粉丝付出多少，粉丝就会为你回报多少。你为粉丝争取多少利益，粉丝就会回报给你多少利益。所以，在保证自己利益的前提下，应为粉丝争取尽可能多的利益。

①价格折扣。主播说到底是在为粉丝服务的，让粉丝以更低的折扣买到市场中的同一款产品，这是令粉丝最开心的事情。而对于主播而言，自己与品牌方合作，赚取的是品牌方的佣金。只有收获的粉丝越多，才越能在为品牌方宣传产品时达到好的效果。因此，在品牌方许可的条件下，尽可能为粉丝压低产品折扣，就是在为粉丝争取利益。

有的主播将直播间搬到了线下商家店铺，为了更好地向粉丝体现自己的诚意，为粉丝争取利益，在直播过程中会主动询问粉丝对某件商品希望的价格是多少。然后会在直播现场与店家老板直接砍价。

有的主播在自己的直播间，用打电话或者微信语音聊天的方式，与品牌方负责人谈商品价格，为粉丝最大限度地争取商品折扣。主播与商家、品牌方负责人在现场讨价还价，就是在为粉丝争取利益。

②退换承诺。除了价格上为粉丝争取利益，还可以在退换承诺上为粉丝争取。如果说价格折扣是资金利益，那么退换承诺则是粉丝能够享受的服务利益。绝大多数商家对消费者的退换承诺是“七天无理由退换”。如果你能为粉丝争取更长的退换货承诺，如退货赠送运费险、十五天无理由退换等。虽然这些利益看似没有折扣价格那样更加诱人，但这也是站在粉丝的立场上，为粉丝争取了足够多、足够好的服务。

总而言之，主播有大量粉丝作后盾，做直播带货便犹如有了护城河。只有主播能为粉丝带来实实在在的、让粉丝内心感动的好处，粉丝才会心甘情愿成为你的“铁杆粉”，才不会弃你而去。

7.2.5 与粉丝建立良好的信任关系

现在，很多生意都是从建立良好的信任关系开始的。只有与粉丝建立良好的信任关系，才能在直播带货过程中“步步为赢”。十年树木，百年树人。与粉丝建立信任关系，不是一蹴而就的事情，而是需要长时间培养的。

培养与粉丝之间的信任关系，需要做到以下几点：

（1）真诚

与粉丝建立信任感，就需要与粉丝进行深度沟通。沟通最忌讳的就是遮遮掩掩，不够真诚，不够接地气。这样会让粉丝认为你是一个难于接近的人，也是一个捉摸不透的人。你给粉丝留下的印象就是“模糊”两个字。甚至，有时候，一个人对另一个人的信任，往往通过不经意间的言谈举止就能达成。所以，如果你在与粉丝交流的过程中，言谈举止都能体现出足够的真诚，那么粉丝定会对你产生好感和信任。

（2）专业

主播对产品的了解有多深，表现出多强的专业能力，粉丝就会对你有多少信任。主播向粉丝售卖产品，在为粉丝解决问题时，往往是体现自己专业性的最佳时刻。这时候牵扯到你的经验、知识等，会因为你的专业性而获取粉丝的信任。

（3）互动

互动能够升华信任。需要说明的是，互动并不是骚扰。当然，你可以主动创建话题，吸引粉丝参与，引发粉丝互动。有时候通过与粉丝聊天互动，能够很好地了解粉丝的喜好，你可以知道粉丝最近最想吃的东西，知道粉丝最近喜欢的口红色号。陌生和熟悉之间最大的区别，就在于你和粉丝互动的次数多少。和粉丝互动的频率越高，你和粉丝之间深层次了解的机会就越多。而且多次互动、交流之后，对方会感到你是那么亲切、熟悉，就好像认识许久的好友。好友之间的信任，自然不言而喻。

无论用何种方式培养粉丝的信任，最基本的要求就是要走心。只有走心，才能真正走进粉丝的内心，才能快速与粉丝融在一起，构建牢不可摧的信任关系。

第 8 章
变现策略：掌握必杀技，提升直播带货能力

直播电商的价值就在于能够实现变现。因此直播电商能够实现变现才是硬道理。直播电商模式能够帮助品牌商赢得相当完美的品牌形象，为其带来相当可观的经济效益。但掌握有效的变现策略，才是提升主播直播带货能力的关键。

8.1 变现途径：选择适合自己的变现方式

直播电商平台众多，平台上主播有千千万。论及直播电商的变现途径，同样具有多样化特点。当前，直播电商的变现途径一共有三种：品牌方自建直播间，培养主播带货；品牌高层亲自直播带货；网红、达人与品牌方合作，进行付费推广。

无论哪种变现途径，只有适合自己的才是最好的。

8.1.1 自建直播间，培养主播带货

当前，直播电商领域的主流玩法是电商商户自建直播间，培养自己的主播，为店铺产品带货。

这种直播变现途径优缺点并存，主要表现在：

优点：自建直播间，培养自己的主播，具有成本低、可控性强的特点。商户花时间成本培养出来的主播，只为自己的店铺带货服务。主播是商家的专职主播，能够将全部精力都投放在自己的店铺商品上。主播经常在直播间带货，就会对店铺的每件产品特点、型号、品质等有更加清晰的了解。

淘宝平台上的一家做服装零售的商户，共培养了6位主播，每4小时轮换一次，每天直播12小时。这6位主播在身高、体重、体型方面，几乎各不相同。每次直播都有两位主播出镜，通常是高矮搭配、胖瘦搭配，不同体型搭配出镜。通过不同身高、体重、体型的主播来带货，满足不同

人的试穿需求。

缺点： 主播引入直播间流量少，带货效果不太明显。可以培养主播掌握有效带货技巧，方见成效。直播带货本身对于电商商户，尤其是线下实体店来讲，是一种新鲜事物，初次做直播电商，是一种大胆的尝试。但在尝试过程中体现出以下两方面的劣势：

一方面，就像实体店并不了解和熟悉平台规则一样，电商商户也不了解其他直播平台，如抖音、快手等。出入直播带货领域，不知道如何引流和吸引关注这是常有的事情。

另一方面，没有钻研出高效的直播带货技巧。

所以，这种自建直播间、培养自己主播的带货方式，对于商家来讲，风险与机遇并存，关键就看品牌商的运营水平了。

商户自建直播间，培养主播带货，需要注意以下几点：

（1）主播弱化个人性格

自建直播间、培养自己主播的方式，主播是商家的一部分，主要为自己所在的商家服务，为商家的产品带来可观的销量。通过直播给商家带来的销量越多，自己拿到的薪资也就越多。

但需要注意的是，主播要注意弱化自己的性格。一个性格太过鲜明的主播，会将品牌粉丝转化为主播粉丝，使用户进入直播间是冲着主播而来，却不是冲着品牌而来。这样导致的结果会是，当有一天主播离职了，粉丝也会被主播直接带走。

所以，如果有一天，直播间的很多用户一直问某位主播什么时候上线带货，这就是一个十分危险的信号，要立刻消灭。否则容易造成品牌商粉丝的流失。

（2）突出品牌的个性化特点

自建直播间、培养自己主播的方式下，品牌才是主角。所以，主播应当在直播的过程中，时时刻刻向直播间用户传递品牌文化、品牌价值观等，凸显品牌的个性化特点，以便让品牌在用户当中形成持久的记忆。久而久之，粉丝爱上了品牌，自然也就愿意成为品牌的忠实粉丝。

（3）统一主播的带货风格

因为是同一品牌下培养的主播，所以要求主播在带货风格上保持统一性。同一品牌，不同主播采用同一种直播风格带货，更容易打造品牌风格。

总而言之，以自建直播间、培养自己主播的方式带货，对于传统企业和纯电商品牌来讲可能存在一定难度，毕竟它们在这方面没有运营经验。可以换个思路，将直播带货看作是将线下销售人员或线上客服搬到直播间。直播带货，主播并不是必须长得好看、多才多艺，关键是要有很强的销售能力。

8.1.2 品牌高层亲自直播带货

机遇与危机，从来都是形影不离的。直播电商的出现，为很多濒临灭亡甚至在垂死挣扎的中小微企业带来了全新的机遇。但与此同时，那些大品牌、行业先驱们却因此而产生了危机感。直播电商使得中小微品牌重获生机，以一种全新的消费模式占领了一部分市场，从而使得大品牌们的生存空间有所缩小，危机感也由此而来。

在当前直播电商模式下，品牌商业绩压力大，唯有跟上形势，拥抱直播，多管齐下，才能力挽狂澜。很多品牌商放出杀手锏，品牌高层也开始亲自出马做起了直播带货。

除了前文讲到的格力集团董事长董明珠直播带货、小米科技 CEO 雷军直播带货，还有很多。

比如，2020 年 3 月 7 日，国美作为家电大品牌，也在上海举办了一场直播带货活动。更值得一提的是，上海国美高管以及品牌大佬们纷纷进入直播间，化身主播亲自带货。仅 3 小时的带货时间，成功销售出 813 件家电产品。

总而言之，很多品牌高层都亲自上阵，走进直播间，为自家产品代言。品牌高层亲自直播带货，主要有以下几个优势：

（1）拉近消费关系

品牌高管，本身具有极强的专业素养。品牌和产品于他们而言，就像是自己的孩子一样。没有谁能比父母更了解自己的孩子。所以，品牌高管能够充分发挥自己的专业优势和对品牌、产品更为了解的优势，更能懂得如何用自己的专业和品牌 / 产品的卖点来吸引消费者。因此，他们通常将产品卖点和使用感受等，通过互动的方式，迅速在粉丝中普及，使更多的消费者能够在线上更加便捷、更加深入地了解产品、获得产品体验。与以往的纯电商相比，这使得以往存在的更多的服务短板被补齐。

同时，品牌高层在决策方面更具话语权，他们在直播间带货，可以为消费者拿出更具高性价比的产品，从而发挥导购价值，提升了变现效率，也因此而拉近了与消费者之间的关系。

（2）加强品牌与用户的连接

虽然可能品牌高层带货销售额没有“网红”主播的销售额高，但通过个人风格而强化了品牌效应。这一点怎么理解呢？

比如，一提到王石，就让人想到了万科和红烧肉；一提到董明珠，就让人想到了格力和空调；一提到雷军，就让人想到了小米科技和手机。这些品牌高层，本身自己就是红人，给自家品牌带货，自然能给品牌加分不少。

对于消费者来讲，他们如果能接受一个有趣的人，也就能顺其自然地接受与这个人有关的、融入情感和故事的品牌。这就是加强品牌与用户的连接。

（3）赢得需求洞察上的话语权

品牌高层做直播带货，每天都在网上与消费者接触，都在前沿阵地上“作战”，深知消费者的需求，也就在需求洞察上有了很强的话语权。

（4）有效实现开源节流

作为红人，品牌高层做直播带货，所产生的影响远大于产品的销量，更会影响整个产业链。

因为，当前很多品牌商已经绕过了经销商，直接到前端销售产品，后端做产品供应。尤其是直播电商的出现，这种模式已经得到了普及。另外，品牌高层做直播带货，主动参与到内容创作当中、直接与粉丝对话，这种方式可以迅速搜集消费需求，实现真正的按需生产，有效减少库存。显然，这种模式更加高效，还能实现开源节流，比做传统电商更有意义和价值。

在这种市场格局发生变革的时刻，品牌高层直播带货会逐渐成为一种新常态，而这种带货方式也将成为品牌人设打造的一种全新途径。

8.1.3 找网红主播带货，付费推广

品牌商找“网红”主播带货，是最常见的变现途径。主播和品牌商合作，主播赚取一定佣金，而品牌商则为主播的推广服务支付一定的费用，作为回报。

找“网红”主播带货，对于“网红”主播和品牌商来讲，彼此并不了解对方，只是因为合作需求才走在了一起。所以无论哪一方，在合作之前都要做好准备工作。

（1）“网红”主播

对于“网红”主播来讲，带货前一定要打听清楚，自己合作的品牌口碑怎么样。如果品牌口碑不太好，再怎么带也难以给品牌带来销量，同时

还会使你在粉丝心中的形象大打折扣，不利于你以后直播事业的发展。

（2）品牌商

对于品牌商来讲，付费推广是一门学问。花钱找主播不难，难的是花出去的钱能为自己带来实实在在的盈利。当然，有的主播做一场直播能卖到几万支口红，成交额达到几百万元，但这都是个例。通常，品牌商能够实现投入产出比 1∶1，已经是相当不错了。在选“网红”主播之前，一定要做好功课。

①主播带货品类是否与品牌吻合。说一千道一万，找主播合作，带货能力的高低才是选择主播的标准。在找主播之前，一定要全面了解，主播之前带货的品类是否与你的品类吻合，带货效果如何等。如果直播带货品类与品牌不吻合，那么能实现理想销量是有难度的。

比如，一位主播通常带的产品是汽车类，她平常积累的粉丝都是有关汽车方面的粉丝。如果你找这位主播合作推广电子产品，显然目标用户不精准，难以为你的品牌带来理想的销售额。

②选择合适的合作模式。通常，与主播合作的方式有三种：第一种是只收取坑位费，第二种是坑位费加提点，第三种是只收提点。

对于那些新人主播来讲，收取坑位费是他们比较喜欢的模式；对于腰部主播来讲，坑位费加提点是他们比较青睐的；对于“网红”主播来讲，纯提点收费模式则更加适合他们。具体选择什么合作模式，如何提点，品牌商需要根据实际情况选择最适合自己的主播合作。

③找主播合作要擦亮眼睛。当前，形形色色、涉及各领域的主播数不胜数，其中有该领域做得很好的口碑主播，但也不排除那些口碑较差的主播以及行业乱象的情况。

主播寄样不播：给主播寄过去的样品让主播播，但主播嫌弃某个样品，就直接不播了，导致品牌产品在直播间没有曝光机会。

第三方公司石沉大海：当前，直播电商行业爆发，催生了很多对接主播的第三方公司，他们手中掌握了很多主播资源。所以，品牌方通常从第三方公司那里找主播合作。第三方公司做招商海报做得像模像样，商家信以为真，直接将样品寄过去，打了款，结果却石沉大海。

黑科技刷数据：很多主播看上去数据非常可观。每做一场直播，点赞量、评论量、进入直播间观看人数等数据都让人羡慕。品牌商不要被这些数据假象而蒙蔽，因为这些数据只能证明主播的吸粉能力，难以说明其带货能力。同时，这些数据往往可以借助黑科技刷出来。所以，品牌商在找主播合作之前，一定要擦亮眼睛，认真考虑这些数据的真实性。

主播在直播间随意破价：很多主播为了提升直播间氛围、强效吸粉，便在直播带货的过程中，直接破价，不按照品牌商规定的价格售卖。

例如，某品牌的一件羽绒服，标价1500元。品牌商先找了一位知名主播带货，给出的底价是1199元。开播后，这款羽绒服在直播间销量不错。但该品牌商随后又找了另一位主播合作，由于该主播为了尽可能多地为直播间沉淀客户，就要求品牌商给出更低的价格，结果品牌商咬咬牙，给出了899元的价格，比之前给出的价格低了300元。

直播当天，有的粉丝在“串门”时，发现同样一件羽绒服，自己先前在一位知名主播直播间以1199元购买，现在这个直播间却以899元的价格出售。粉丝的心里自然是不平衡的，回到知名主播的直播间反馈。这位知名主播的直播间里瞬间炸开了锅，纷纷要求退货。这让知名主播十分尴尬。同时，对于品牌商而言，破价使得自己的品牌形象在用户心中也直线下滑，很多用户质疑，前后价格相差300元，必定存在质量问题，结果这家品牌商在市场中也就难以立足。原本想通过直播带货提升销量，结果却因为破价而赔了夫人又折兵。

品牌商选择主播的时候一定要慎重，同时要学会用必要的法律效力为自己维权。

8.1.4　明星、名人、主持人助阵直播带货

如今，做直播的主播千千万，观众如何才能走进自己的直播间，这是很多品牌商所思考的问题。“有明星、名人、主持人”显然是一个不错的理由。

的确，明星、名人、主持人效应向来强大，特别是直播正进入平民化阶段，有大牌明星、名人、主持人助阵品牌直播，必定能够抓住观众眼球，瞬间产生轰动效应，而且导流能力超强，能为品牌带来真金白银的销量。由此看来，邀请明星、名人、主持人进入直播间带货，是当前的一种很好的变现方式。

明星带货案例：

2020年3月8日，“三八妇女节”来临之际，苏宁易购上线美妆焕新颜直播活动。在直播过程中，有众多明星：李现给雅诗兰黛新沁水粉底液带货、王俊凯为Dior烈焰蓝金系列带货，朱一龙现场推广妮维雅润唇膏，华晨宇带货美宝莲接吻棒、王源为欧莱雅雾感唇釉带货。除此以外，还有辣妈大S、超人妈妈章子怡、大头奶爸刘烨为宝妈带来超期能恩、合生元奶粉等母婴用品，为宝宝的健康成长护航。

苏宁易购采用潮流明星＋大牌产品的组合方式，为自己的平台带货，在当天吸引了100万人到苏宁广场云秀场观看直播。

名人带货案例：

罗振宇作为自媒体时代，因脱口秀节目《罗辑思维》而一举成名的名人。

2020年4月23日是第25个“世界读书日”。在当天，罗振宇和许知远两人共同做了一次直播卖好书活动。这场直播主打文化品牌，罗振宇通过具象化的“学富五车”的概念，将装满五车共148本书摞在一起，点亮了背后的知识树上的148盏灯，并告诉直播间观众，如果在一年内刷完五车书，获得的知识体量会比著作本身还要多一倍。瞬间，直播间人数冲上了峰值。

主持人带货案例：

2020年5月18日，蔚来汽车创始人董事长兼CEO李斌，首次登陆淘宝直播，与湖南知名主持人汪涵，一同直播带货。当晚，共直播40分钟，累计观看人数达到2064万，为蔚来汽车带来了320台汽车的订单、5288次试驾预约，换来了销售额共计约1.28亿元。这场直播在淘宝直播当晚热度排行榜中居首位，整场直播相当于平均每分钟卖出去8台新车。

无论是明星、名人，还是主持人，选择他们为品牌做直播带货，需要注意以下几点：

（1）在大众范围内有强影响力的人

明星、名人、主持人虽然自带影响力和号召力，但并不是每个人都有强影响力，能影响到大范围用户。要想做直播带货，就必须邀请那些具有大范围影响力的人，至少能让人一看脸就能叫得出名字。

（2）有鲜明人设

很多明星、名人、主持人虽然被大众熟知，但不具备鲜明人设。没有鲜明人设的明星、名人、主持人不容易让人记住，更不会因为其带货而记住品牌。

刘涛，之前上过《花儿与少年》《亲爱的客栈》之类的综艺节目，通过综艺节目为观众呈现出“贤妻良母”的形象，这个形象就是刘涛给自己打造的人设。综艺节目播出之后，很多电商产品都打出“刘涛同款”来销售自己的产品，并能大火。正是因为刘涛的鲜明人设，产品大火，足以证明刘涛的带货能力。

（3）有良好口碑

除了以上两点之外，明星、名人、主持人在大众中的口碑也很重要。为品牌带货，一定要选择那些积极向上、热爱生活、人品好、作风正派、热爱公益事业的人。否则，口碑差会直接将品牌形象拉到低谷，不利于品牌良好形象的打造。

8.2　变现技巧：触发高效转化变现

马克思说：“真正的消费，就是人性的恢复过程。”回顾历史，任何商业新势力的崛起，无不如此。电商直播也不例外。做直播电商，最能刺激用户消费的方法，还是要站在人性的立场上，从用户心理出发。

8.2.1　秒杀，小高峰氛围刺激购买

直播带货做秒杀，是很多商家看好的营销策略，会掀起直播氛围小高峰，可以短时间内为直播间带来巨大流量。但直播秒杀要想带来更多的产品销量，是需要掌握秒杀技巧的。如果掌控不好，直播间用户是不会买账的。做秒杀，更是对主播的语言技巧提出更高的要求。

具体而言，做秒杀需要掌握以下几点技巧：

（1）抓住用户痛点

每个人在生活中都会遇到一些棘手的事情。作为商家，应当站在用户

的立场上考量，什么才是给用户带来“痛感”的问题。只有针对这些问题，能有效化解用户“痛感”的产品做秒杀，才能获得成效。

假设在直播间销售一款控油洗发水。在直播间推出产品之前，一定要通过话术和直播间用户、粉丝交流。在交流的过程中会发现，用户抱怨头发总是爱出油。此时，主播可以根据用户的痛点，告知其头发出油的危害，并解释头发出油的原因。当你用专业知识讲解之后，会得到用户的认同。此时再向用户介绍去除头发出油的方法，顺便推出自己的产品。当然，在推出自己的产品时，不要显得过于广告化。因为过于直接的硬性广告不便于在用户心中产生好感，更不便于为用户所接受。通过像好友之间的日常聊天一样，了解用户痛点，并顺着痛点进一步分享痛点解决方法，这样才能赢得用户的信任。之后做秒杀，让用户感觉到产品既能解决自己的痛点问题，又能以低价购买到市场中的同类产品，何乐而不为?

（2）塑造紧迫感

主播在做秒杀之前，需要给用户塑造紧迫感，告诉用户直播间一共有多少件产品可以秒杀，全部秒杀完即结束。这样可以让更多的用户感受到现在的秒杀价不买就会吃亏。这样做，届时就会有更多的用户积极参与秒杀活动。

（3）设置购买数量

秒杀因为是售完为止，不做时间限制，但要对每个订单的秒杀数量做限制。通常限购数量会设置为 1 件，并在购买页面提示买家当前的“可购数量”。这样可以有效避免所有活动库存数量被某一位用户一次性全部秒杀完的情况。

（4）强调售后优势

很多消费者会担心售后问题，尤其对于秒杀产品，会担心因为自己不是特别喜欢，而是处于低价所以才购买的产品，如果到货后使用不了，退换货是否会有后顾之忧。所以，很多用户，即使秒杀价也迟迟不肯下单。其实，这样的问题完全可以通过主播在直播间用话术告知客户，如果收到货不满意，七天内随便退。这就相当于给消费者吃了定心丸，放心购买产品。

玩转直播电商，做秒杀是促成快速变现的重要方法。但更重要的是需要主播巧妙借助话术的力量，刺激消费者、引导消费者快速下单。

8.2.2 限时折扣，集中引爆用户购买意愿

价格一直是影响消费者下单的重要因素。很多时候，消费者看到自己心仪的产品，并不会马上下单，是因为他们在考虑，产品的价格是否与产品的价值对等，甚至产品是否物超所值。如果能用限时折扣的方式，就可以吸引直播间用户在短时间内集中购买，引来产品销量的激增。

拉夏贝尔是一家定位于大众消费市场的服装企业，被许多消费者誉为“国民女装品牌”，在国内女装品牌市场中占有重要地位。但在当前零售业发展的新格局下，拉夏贝尔也开始探索网络直播如何给自己带来流量和销量的方法。通过线上做直播带货的方式，打开了全新的销售路径。

2020 年 2 月 25 日，拉夏贝尔做了一场 6 小时的网络直播带货活动，主要是线上商城春季折扣。用限时折扣等方式，营造良好的直播氛围，刺激用户购买，实现快速促单的目的。整场直播共发放了 6000 张折扣券，带动整体业绩突破 4000 万元。

如何在直播带货的过程中做好限时折扣呢？

（1）注意时间和节奏的把控

俗话说，物以稀为贵。在人们心中，越是稀有的东西，才越急切想拥

有。做限时折扣，可以通过稀缺感，让消费者感觉过了这村就没这店，现在不买就是亏。因此，选择销售限时限量的产品，能刺激消费者购买。

但做限时折扣，对于品牌商而言，需要注意时间把控。以折扣低价销售产品，不能在直播的过程中长时间做折扣活动，否则会给商家造成不可估量的损失。所以，主播首先要做好时间把控，在一定的时间内销售的产品，消费者可以以折扣价购买，到时间，即活动结束，停止享受折扣。限时折扣，最好言出必行，不要看到时间结束的时候销量暴增就延时，否则就失去了“限时”的意义。

同时，主播应当与助理做好节奏把控。在折扣活动开始之前，告知用户，只有三分钟时间可以享受折扣优惠，在三分钟内下单并付款才有效。而且这个折扣是有史以来最低的折扣，机不可失、时不再来。之后，主播可以和助理倒数五个数，随后告诉后台和直播间用户，产品上链接。最后，主播还要倒计时，并由助理告诉主播，在短时间内达到的惊人销量。此时，在羊群效应的驱使下，消费者会跟着节奏迫不及待地抢购产品，手快有，手慢无。这样，所有的产品订单就在这短短的三分钟之内高效完成。

（2）注意折扣价格的设定

虽然说“折扣”踩中了消费者爱占便宜的心理，但并不是折扣越低越好。一方面，对于消费者而言，永远是折扣越低越好。但占便宜的心理有时候是“贪婪”的，所以，无论折扣做得多低，永远难以满足消费者的占便宜心理。另一方面，折扣太低，会严重影响品牌商利益。所以，定折扣价，一定要以产品的成本作为参考依据。而选择做折扣活动的商品，最好是清仓产品。库存积压会给商家带来很大的压力，不但难以回笼资金，还会造成严重的库存成本。以折扣价方式短时间内集中售卖，可以将库存清掉，在回馈粉丝的同时快速回笼资金，一举两得。

（3）保证充足的产品库存量

直播间一旦开启限时折扣活动，就要保证每位参与的用户都能抢到自己想要的产品。所以，一定要保证充足的产品库存量，才不会让每位在规定时间内参与活动的用户兴奋而来，败兴而归。

直播间做限时折扣，无疑是商家为了冲销量而赔钱赚吆喝。客单价被压低，不仅可以满足粉丝对折扣的需求，还能有效解决商家自身的库存问题，是直播带货变现的最好途径。

第三篇

实践篇：直播电商实操

第 9 章

案例解析：领略和剖析直播电商营销的智慧

2020 年，直播电商成了品牌营销的标配。各领域企业开始进入直播电商领域，借助直播方式对内容和流量的存量进行争夺，成为品牌在市场中竞争力越来越强的后盾力量。与此同时，吸引了众多素人、“网红”大咖、名人、明星纷纷加入直播带货。可以说，谁能在这场没有硝烟的争夺战中率先找到突破口，谁就有可能率先实现利益收割。

9.1 欧阳夏丹搭档王祖蓝直播，为湖北实力卖货

素有“湖广熟，天下足”美誉的湖北省，在2020年年初，经济按下了“暂停键”。为了让湖北经济快速复苏，一场以“谢谢你为湖北拼单”的大型跨界公益直播带货活动全面开启。

为人们所熟知的央视主持人欧阳夏丹走下“神坛”，与艺人王祖蓝组成首席带货官，为湖北助力。在直播的过程中，欧阳夏丹与王祖蓝抛出话题“谁也无法阻拦（祖蓝）我下单（夏丹）”，再次掀起为湖北直播带货活动热潮。此外，直播间还连线郑爽、蔡明、湖北十堰市副市长，以及以快手“带货达人”娃娃等为代表，共66位快手达人参与直播为湖北拼单带货。

直播中，从汉味十足的热干面到名头甚响的恩施玉露，从筋道可口的红薯粉到营养丰富的葛根粉，还有散发着麻辣味的卧龙锅巴、承载着美好回忆的汉口二厂汽水等12种湖北商品和农副产品，在直播间热卖。其中，热干面、汉口二厂汽水等商品多次售罄、多次补货，却依然被“秒光”。

整场直播，一共两小时，在线累计观看人数达到了1.27亿，累计点赞数达到1.41亿，同时还创下了6100万元的销售纪录。

9.1.1 明星、公益为产品背书

在这场直播中，不但有各路明星、名人，还有广为人知的公益活动为整个直播间的产品做背书。其实，明星、名人、公益为产品背书，是营销界常用的背书方法。

（1）明星为产品背书

一方面，明星、名人本身形象好、影响力好，拥有“值得信赖”的特质。借助明星的这些特质，为产品背书。所谓背书，就是提供信用担保，明星、名人用自己的影视形象为其所代言的产品背书，自然能使直播间用户对产品产生更多的信任。

例如，很多广告主偏好于选择刘涛、孙俪等多种形象中的贤妻良母型明星，主要是因为品牌商要借助明星形象中的“贤惠”“勤劳”为产品做背书。

另一方面，明星、名人的用户覆盖度更广。明星、名人本身就头戴明星光环，拥有雄厚的粉丝基础。借助明星、名人的力量为品牌产品背书，可以将明星、名人粉丝转化为品牌粉丝，实现粉丝迁移，这种获取粉丝的方式更加简单、高效。

总之，借助明星、名人为产品背书，能提升品牌形象，为品牌迅速打开市场和知名度，还可以通过明星形象为品牌建立用户信任，可谓一举多得。

（2）公益为产品背书

公益本身就是一项积极向上，充满正能量的事业。有公益为直播带货做背书有三方面的好处：

首先，对于品牌来讲，是一种荣耀，更能为品牌树立良好的形象。

其次，能激发人们积极参与公益事业，为社会公益做贡献，这样对营造良好的社会风气大有裨益。

最后，直播做公益活动，意味着更多的社会责任感，做直播带货不求功利，只求潜心做事。只有这样，品牌产品才真正能让人放心。

9.1.2 花式植入吊足年轻人胃口

在直播过程中，不同的明星、名人和带货达人进入直播间，带货方式各不相同，从而用一种花式植入方式，吊足了年轻人的胃口。

直播过程中，王祖蓝、郑爽、娃娃亲自为产品做起了现场吃播带货；蔡明打出情感牌，为湖北带货；湖北省十堰市副市长王晓走进直播间，推介十堰，为当地农副产品代言……整个直播间广告植入氛围活跃，给用户和粉丝带来了多重惊喜。

有网友调侃这次直播：“郑爽吃的‘正爽’，请祖蓝不要‘阻拦’她，蔡明老师希望大家赶紧夏丹‘下单’。”

9.1.3 自嘲、自我调侃，化解直播尴尬

一直以来，欧阳夏丹在大众心目中都是一个带着浓郁播音腔的优秀主持人，谁也没想到，她从央视直播间走出来，进入带货直播间，这个举动颠覆了人们对央视主持人固有的印象。

很多人本以为欧阳夏丹走的是“高大上”路线，但让人意外的是，她在直播过程中能与直播间用户以拉家常的方式聊天互动，非常接地气，给人极强的亲切感。而且她在带货过程中也做得非常好，采用诙谐、幽默、自嘲、自我调侃的方式，让她拥有了很多“路人缘”。

（1）幽默自嘲

欧阳夏丹在直播间表示，就连自己的妈妈，在听到自己要在直播间卖货时，也都感到难以置信。因为欧阳夏丹坦言，自己是一个特别喜欢买东西的人，对于卖东西却从来没有尝试过。所以，在直播之前，她也非常怀疑自己的带货能力，觉得可能会造成直播场面特别尴尬的情况，如果卖不出去，就会给自己丢脸。

（2）自我调侃

此外，她还做了自我调侃，调皮地说道："有一点我非常自信，我跟我妈妈说，我的名字起得好啊，我叫夏丹，难道我天生不就应该是干这个的吗？"欧阳夏丹还特别调侃道，自己寻寻觅觅了几十年，结果发现，最适合的原来是带货官这样的角色。此话一出，引起了网友的一番热议。欧阳夏丹为了更好地卖货，能够用自己的名字当作调侃对象，充分显示出了她的诚意。

从欧阳夏丹的外表和气质、语言表达能力、临场应变能力，都能看出她做起事来一点也不含糊。同时，她也能在直播带货首秀中，用诙谐、幽默的方式很好地避免了直播过程中的尴尬。

9.2　李佳琦从 0 成长为出色 KOL 的奥秘

李佳琦最初并不是一名"网红"，而是一名普普通通的美妆导购，后来转做了淘宝现场直播。第一个月直播每天只有 500 人围观，多的时候也就数千人。

一年 365 天，李佳琦一年累计直播达到 389 场。他除了每天六小时的直播外，下播后还要跟团队开会，研究什么东西卖得多，为什么卖得多，对这些问题做出总结，做出数据。努力总会有回报。李佳琦不久就扭转了以往粉丝稀少的困境，带来了超高人气，而且为品牌赢得了巨额销量。

成功总是钟情于那些努力奋进、坚持不懈的人。李佳琦用自己的勤奋、努力和坚持，换来了属于自己的回报。

李佳琦在 2019 年"双十一"前的一次直播带货中，用 5 分钟的时间售空 10000 顶渔夫帽，这相当于该品牌平常一个月的销量。

2019年“双十一”当天，李佳琦淘宝直播间观看人数最高峰值达到3682万，其引导成交额达到10亿元。这一数字也是淘宝2010年“双十一”全天的销售额，数据之惊人，实在让人瞠目结舌。

李佳琦还曾以1分钟卖出14000支口红的惊人销量，打破口红界的吉尼斯世界纪录。

每个取得辉煌的成功者背后，都有一段不为人所知的努力。李佳琦更不例外。李佳琦犹如直播电商界的一匹黑马，撬动了直播电商红利，创造了变现奇迹，更掀起了一场场资本狂欢，吸引更多人参与到直播电商变现行列。

李佳琦能够从0做起，成长为一位出色的KOL，付出了很多，也在带货过程中融入了很多技巧。

9.2.1 打造超级人设

作为一名带货主播，如果想在这个领域做得长久，就需要有雄厚的粉丝基础。主播能否受粉丝欢迎，关键还在于自我人设的设定。只有与消费者达到“臭味相投”的境界，才能引来源源不断的流量。从最开始的0粉丝，截至2020年6月1日，李佳琦已经拥有2669.5万粉丝，很大一部分原因就在于其打造的超级人设。

（1）男闺蜜人设

李佳琦每天的工作是做着主播的事情，却操着粉丝的心。经过自己的不断努力和摸索，李佳琦改变了自己的直播风格和模式，每天要试上百支口红，并对产品进行客观评价。在直播间，李佳琦尝试各种色号、各种品牌的口红，而且一边对着镜头试口红，一边介绍口红的功能、设计细节、上妆感觉等，甚至会告诉粉丝如何搭配妆容更好看。如果遇到不适合的产品，他会苦口婆心地劝粉丝们不要买。此外，李佳琦还为粉丝们推荐平价的能够替代品牌的产品，让粉丝花最少的钱买到最合适的东西。粉丝们也因此都将李佳琦看作是真正懂自己、为自己着想的闺蜜。

事实上，李佳琦为粉丝所做的，其实就是充当了直播间用户男闺蜜的角色。

（2）“口红一哥”角色

李佳琦经常在直播间为口红带货，被粉丝们誉为“口红一哥”。

李佳琦曾在自己的第一届粉丝节上挑战吉尼斯世界纪录。当场，350万粉丝共同见证了李佳琦成功挑战“30秒涂口红最多人数”的吉尼斯世界纪录，成为涂口红世界纪录的保持者。从此，李佳琦成为名正言顺的“口红一哥”。

总而言之，主播打造个人人设，并不是主播自己觉得，而是让广大粉丝觉得你就是这样的人。这样，你在粉丝心中构建的人设才更加牢固。

9.2.2　用专业构建信任

李佳琦做直播带货，无论在产品方面，还是在服务方面，都能给粉丝一种专业感。而这种专业感也正是他与粉丝之间建立信任关系的核心要素。具体体现在：

（1）专业美妆顾问

李佳琦早期是美妆导购出身，从事6年美妆导购工作，所以在美妆方面具有较为专业的知识和经验，为直播带货打下了良好基础。

此后进入直播行业。历经3年时间，李佳琦已经荣登直播带货一哥的宝座。目前，李佳琦家中有上万支口红，他直播时背后的那个柜子上就有超过2000支口红。只要说出一个色号，他就能在3秒之内找出来。李佳琦可能比女生还懂口红，甚至可以称得上“行走的口红”了。

李佳琦直播间并不是什么产品都销售，而是将80%的位置留给了美妆产品。这样，李佳琦给粉丝的感觉是：李佳琦只做自己的专长，做直播带货很专注。正是这种专长和专注，帮他赢得了更多粉丝的信任。

（2）专业贴心服务

李佳琦带货，不像有的主播那样，为了省事，将口红涂在手臂上试色，而是直接将口红涂在嘴巴上。他认为只有这样才能让消费者更加了解口红的美，知道口红是不是适合自己。

李佳琦在做一次口红专场时，共直播 6 小时，却在嘴巴上连续试用了 380 支口红。不断做着涂口红、擦口红，再试口红的动作。在问及李佳琦连续试了 380 支口红的感觉时，李佳琦坦言，嘴巴上面几乎是撕裂崩坏的感觉。但即便如此，李佳琦还是一次次地试用，为的就是用最直观的方式给粉丝呈现产品的试用效果。

9.2.3 有用、有趣、有态度

直播电商，本质上是传统内容电商。李佳琦深谙这个道理，在直播内容打造方面更具独特性。

（1）有用

李佳琦打造的直播内容，通常是以帮助用户解决问题为主。

①教学式带货。通常，主播在卖货的时候，只注重如何将产品卖出去，至于之后消费者如何使用产品则不管不顾。李佳琦则在这方面大不相同。李佳琦往往拿出一支口红，还能告诉消费者，这支口红的色号适合什么妆容使用，或者哪几款是可以替代某款大牌的平价口红，或者这款口红厚涂和薄涂适合什么样的场景使用。

李佳琦的直播内容优势，在于他能够像在线教学一样，教会直播间用户，如何使用一支口红将自己打扮得更加好看。这就是李佳琦给粉丝提供的有价值的内容，不仅抛出产品卖点，还能教会消费者最佳使用方法。

②直播栏目化。在正式开始带货之前，李佳琦都会在直播间做产品预告。首先抛出一个直播内容大纲，以便直播间用户提前熟知，如果对直播间产品感兴趣，就可以留下来观看，如果没兴趣就可以离开，不会耽误大

家的时间。这就像是在做直播栏目一般，提前预告节目。

（2）有趣

有趣，即在直播的过程中，以一种轻松、愉快的方式来表达，便于观众更加容易接受。

①特色口头禅。李佳琦多年来从事直播带货工作，已经逐渐形成了有自己特色的口头禅，如“我的妈呀”“OMG”“买它”，而且语速较快，语调抑扬顿挫，音量也特别足。网络中经常流行一句话“重要的事情说三遍”，李佳琦在直播的过程中，则远远超过三遍。

②全感官体验。李佳琦总是能在直播过程中金句爆出。

比如：

像小精灵在嘴巴上跳舞；

像把春天涂在脸上；

好像下过小雨的森林里的味道……

这些句子，每一句话都有极强的场景感，引发联想，让人获得全感官上的体验，无论味觉、嗅觉、触觉都能被调动起来。一个人，只有丰富的生活体验，才能表达出如此美妙动人的句子。而且这些金句都是李佳琦临场发挥的，而不是拿着文案照本宣科。一个个冷冰冰的产品，经过李佳琦之口，就能被讲活。

（3）有态度

李佳琦同时也是一个十分有态度的主播，他总是能向直播间粉丝和用户传输他的价值观，以此影响更多人的行为方式。李佳琦在带货的过程中充分展现出他的价值观。主要表现为：

①女孩应当理性消费。李佳琦总是为消费者推出一些能够与大牌口红色号相媲美的平价产品，他这样做的目的，就是让每位消费者能够花小

钱，办大事，希望每位消费者都能够理性消费。

②美好生活方式。李佳琦经常在直播间输出一个观点，就是“人人都可以活得更加漂亮，我们把向往美好的生活方式带给大家”。李佳琦在告诉每位女性，都应当让自己活得更加精致，活得更加美好。

9.2.4 选品策略专业化

当前，市场发展的现状告诉我们，产品差异化，才有市场。作为直播带货领域的KOL，李佳琦在选品时也有自己的一套标准，概括起来就是新品、精品。

（1）新品

李佳琦会在直播间不定时上新，其中有首发、有独家。如果有人想在第一时间买到某个品牌的新品，那么就去李佳琦直播间购买。这种渠道的排他性，可以帮助李佳琦锁定对某个品牌感兴趣的粉丝，实现全面的购买转化。

李佳琦早期做美妆导购，业务的专业性极强自不用多说，广大用户和粉丝也都对其十分信任。在建立起足够的信任之后，李佳琦推荐其他新品牌产品时，就很容易自动完成品牌认知转移，有效提升商家的品牌信任度。所以，做新品首发，很多品牌商会选择与李佳琦合作，为的就是在产品刚上市的时候，就能通过李佳琦提高自己产品的调性。

（2）精品

当前市场中产品同质化严重，但与此同时精品难求。消费者很难在众多产品中找到自己想要的精品。在选精品的时候，李佳琦可谓“过五关，斩六将”。第一关是李佳琦团队初选，每一个类目都有专业人员选品和评估。第二关是团队试用，只有试用后才能够保证商品品质。有品质、有卖点的产品，才能留下。第三关就是李佳琦和小助理再次试用。

李佳琦在选品的过程中，每天会从大量产品中，只选出20款优质精品。这样做，有效减少了用户在淘宝上搜关键词，却难以找到符合自己需求产品的问题。所以，李佳琦在上精品时，就会大声告知用户“我这里的这款就是最好的，相信我，买它就好”。

不得不说，李佳琦的成功除了努力，还有套路。但如果你能像李佳琦一样足够努力，并掌握这些套路，能将自己的思维进一步发散，探索出更好的套路，那么你也同样可以修炼成为一名出色的直播带货 KOL。

9.3 长沙王府井百货抖音直播带货，拉开“云逛街”序幕

2020 年开始，线下实体店深刻认识到直播电商的重要性。如果一味做线下单线运营，实体店很难跟得上消费者的脚步。因为消费者越来越多的注意力都转向线上，如果跟不上消费者的注意力，也就难以获取流量，渐渐失去自己的市场阵地。

2020 年 4 月 3 日，长沙王府井百货也正式走向线上，入驻抖音直播，打通了直播带货全链路。事实上，在此之前，长沙王府井百货在抖音平台上的运营时间已经 1 年多。前期的蓄能，完全是为了直播带货做准备。

当天 18 点，长沙王府井百货正式开播，当场直播取得人气商家榜亚军的好成绩。在连续做了 3 场直播之后，抖音账号“@ 长沙王府井市场部”的粉丝，从 7000 多猛增到 1.8 万，成交金额突破 50 万元。截至 2020 年 6 月 1 日，抖音上的“@ 长沙王府井百货市场部”账号，拥有 5.3 万粉丝。

长沙王府井百货在抖音上做直播带货，拉开“云逛街”序幕。它像一匹黑马一样，取得了优异的战绩。增加的流量和取得的销量，都证明了直

播带货具有无限想象空间，与线下实体店销量相比，效果十分显著。

长沙王府井百货做直播带货所取得的成绩，与其商业布局有着莫大的关系。

9.3.1 重视选品，差异化定位匹配客群需求

长沙王府井百货在抖音上做直播带货是首播，所以在选品的问题上给予了足够的重视。结合抖音商超直播热门选品、抖音用户群体热点、商超粉丝群体需求三个方面的因素将首播产品选定为大牌热门美妆产品。

第一步，选品

长沙王府井百货对抖音平台上已经开播的商超进行统计，并对商超售卖的品类进行分析，发现绝大多数商超在选品上偏向运动品牌，而且抖音平台上的高度活跃用户都是年轻用户，他们除了关注休闲品之外，还会关注美妆护肤类产品。所以，长沙王府井百货将选品方向定位在运动品牌和美妆护肤类。

第二步，选择合作对象

做好选品之后，长沙王府井百货还根据品牌知名度、热门单品、直播间专属折扣这三个维度，选择品牌合作对象。最终，经过仔细筛选，选择MAC、雅诗兰黛、资生堂等知名品牌合作，在直播间形成产品组合销售。

第三步，敲定细节

当所有前期工作做好之后，长沙王府井百货最后做了详细的直播规划，对一些细节，如直播话术、直播技巧、商品折扣、专属福利等做最后敲定。

好的开始是成功的一半。长沙王府井百货做直播带货前的准备工作，紧密、周详、有序，能够根据差异化定位满足平台客户需求。这也是其首播就能够取得好成绩的原因。

9.3.2　借力平台，开启“云逛街”模式

长沙王府井百货在开启抖音直播带货之前，其注册的抖音账号已经运营了一年，共输出了 100 多条短视频。

在前期运营的过程中，长沙王府井百货熟知自身在抖音平台上的运营方法，也已经掌握了一定的运营技巧，同时还深入了解了粉丝喜好。如今，在抖音平台上开启“云逛街”模式，能够更好地围绕平台用户喜好进行，使得直播带货事半功倍。

9.3.3　打造专属人物 IP，做长线运营

做直播带货，主播在其中起到非常重要的作用。长沙王府井百货在主播培养方面，更是有自己的一套方法。

在打造的短视频中，有一位被称作“马总”的人物，个性鲜明，颇受粉丝的喜爱。然而，“马总”的人物设定，其实就是为后期开启直播带货做长线运营准备。换句话说，“马总”专属人物的打造，是为培养主播而进行的，主要包括以下几个方面：

（1）选人

“马总”其实是长沙王府井百货市场部的一名普通员工，本身对企业文化十分了解。另外，这位员工自带镜头感和超强语言表达能力，个人形象特点突出。作为市场部的一名员工，他每天与门店工作人员接触较多，大家彼此十分熟悉，所以在直播互动中能够有默契。

（2）定位

“马总”语言风格幽默，能灵活掌控现场。同时，“马总”特有的自黑颜值，以及为集美们操心的态度，使其在直播互动的过程中吸引了众多粉丝的关注。

（3）运营

“马总”以特有的形象示人，并能保持每周都有一定的曝光次数，内容以工作环境为背景，以为长沙王府井百货做宣传为目的，让更多的用户能够记住长沙王府井百货。

当前，像长沙王府井百货这样从线下转战线上销售，或许刚开始对他们来讲只是一种止损手段。但是通过各个平台的直播带货数据不难看出，直播电商的发展并不是昙花一现，它必将在未来的市场上成为实现引流变现的重要力量。

9.4 “小小包麻麻”腾讯直播带货，实现低成本获客

“小小包麻麻”是一家专注于母婴领域的公众号，主要是为广大用户提供育儿知识等内容服务。自从 2014 年成立以来，“小小包麻麻”共积累了 800 多万用户。

如今，直播电商成为标配，“小小包麻麻”也开始寻求直播电商之路，探索全新的运营模式。初次在腾讯做直播带货，“小小包麻麻”销售产品 15360 件，总销售额突破 216 万元。

“小小包麻麻”的成功，主要是源于其优质内容的打造。

9.4.1 复购率达 80%，源自用户信任

无论是品牌商还是主播，无论做直播带货还是做内容电商，成功实现变现的关键，还在于取得用户信任。

“小小包麻麻”的粉丝中，有 20% 的粉丝会产生购买行为，而这 20% 的消费者，复购率却能达到 80%。这 80% 的复购率，集中在 20% 的用户

身上，对于当前内容电商来讲是十分抢眼的。“小小包麻麻”能做到这一点，是因为“小小包麻麻”十分注重用户信任的打造，通过信任优势实现用户转化，带来复购率的提升。

在选品方面，“小小包麻麻”会召开选品会，参与选品会的成员每个人都有一票否决权。同时，“小小包麻麻”将选品通过率控制在 10%。

采购人员会对推荐产品的优点、竞争力以及推荐理由等进行详细阐述，选品会成员在听过阐述后开始投票，投票通过后，产品就可以进入测试流程。只有那些经过考验的产品才会被发到仓库。在仓库，产品还要经历一个检验流程，包括货品是否有漏液、磨损情况。

在物流方面，“小小包麻麻”也选择了成本较高的顺丰合作，完成配送服务。之所以不惜高价与顺丰合作，是因为走顺丰快递，能够很好地保证商品准确、快速、高效地到达消费者手中。这样做，最大限度保证了消费者的利益。

此外，“小小包麻麻”还推出“不限时无理由退货”政策。这样做，同样很好地保证了消费者的利益。

能够站在消费者立场，真正为消费者考虑的商家，自然能赢得消费者的信赖。基于这种信任，产生复购也是水到渠成的事情。

9.4.2　打造内容矩阵，进行流量互导

早在 2017 年的时候，“小小包麻麻”就已经宣布将自己的整体品牌形象升级为“百宝新媒体”。之后，由“小小包麻麻”拓展为新媒体矩阵，矩阵内以母婴、女性题材为主。

对于很多 KOL 来说，在直播带货过程中，借助内容引流变现的能力并不是很强。“小小包麻麻”本身是做内容出身，所以可以为百宝新媒体矩阵中的其他成员提供内容资源。

当前，百宝新媒体矩阵中的成员，除了“小小包麻麻”，还有

“Michael 钱儿频道”“包妈聊孕事”“小楼老师心理课”等。成员所涉及的领域涵盖了科学育儿、海外教育、亲子阅读、儿童心理等多个领域，覆盖国内 2000 多万中产家庭用户。通过内容矩阵，进行流量互导，可以充分共享矩阵成员所聚集的用户，带来更加可观的产品销量。这样可以惠及矩阵中的所有成员。

总之，对于直播电商，优质内容是引导用户购买的基础，做好内容是每个品牌和主播绕不开也躲不过的话题。“小小包麻麻”通过内容获得用户信赖，通过服务获得用户认可，依托内容矩阵为直播带货拉新和变现。事实证明，“小小包麻麻”这样做，行之有效，值得借鉴。